단어 뜻이 저절로 유추되는 기적의 학습법!

HSK 1~4급 VOCA 礼物
리 우

다락원

저자의 말

字 학습을 꼭 해야 하나요?

한난희 선생님과 함께 『新HSK VOCA 礼物』를 출간한 지 5년여 만에 『HSK 1~4급 VOCA 礼物』를 출간하게 되어 감회가 새롭습니다. 字 학습법은 원래 중국어라는 언어가 가지는 특성 때문에 중국인들이 자연스럽게 익히는 방법이었습니다. 저는 외국인들도 이렇게 원어민처럼 字 단위로 나눠서 어휘를 익혀야 궁극적으로 초급, 중급을 넘어 고급 중국어를 할 수 있다는 사실에 주목했습니다. 사실 초보 학습자가 字 학습을 하지 않는다고 초급 중국어를 못 하지는 않습니다. 즉, 중국어를 영원히 초급에서 끝내겠다 하시는 분들은 이 책을 보지 않아도 됩니다. 하지만 초급을 넘어 중급 이상의 중국어를 하실 분들은 반드시 본 교재로 어휘 학습을 시작하는 것이 최고의 길이라는 것을 감히 장담합니다!

字 학습은 사랑입니다!

제가 중국어 강의를 시작한 지 14년(2017년 기준)이 넘었습니다. 그동안 저와 같이 字 학습으로 공부한 학생들이 HSK 합격 후기를 남길 때 가장 많이 남긴 말이 바로 '字 학습은 사랑입니다!'라는 말입니다. 처음에는 단어를 통으로 외우는 것보다 시간이 오래 걸리고 귀찮을 수도 있지만, 어느 순간부터는 모르는 단어가 나와도 그 단어의 의미를 유추해서 맞히는 자신의 모습을 보면서 희열을 느낄 수 있습니다. 그야말로 '어휘량의 대폭발'이라는 말을 실감하게 될 것입니다. (합격 후기는 www.liuhsk.co.kr에서 확인 가능합니다.)

다 함께 字字字!

본 교재는 중국어를 2개월 이상 공부하신 분들부터 학습이 가능하며, HSK 1~4급은 물론 일상회화에서 초급~준중급 수준의 어휘를 구사할 수 있도록 구성했습니다. 본 교재를 학습한 후에는 『新HSK VOCA 礼物』를 통해 꾸준히 字 학습으로 어휘 공부를 해 나가실 것을 권해 드립니다.

감사의 말!

VOCA 礼物 시리즈의 영원한 파트너 한난희 선생님께서 함께 해 주셨기 때문에 본 교재가 세상에 나올 수 있었습니다. 교재 편집과 출간을 해 주신 다락원 출판사와 고은지 님의 꼼꼼한 지도가 있어서 더 완벽해질 수 있었습니다. 중국어 예문 검수와 편집 등 옆에서 도움을 주신 리우HSK연구소 쉬엔 선생님, 쑨 선생님, 김완우 실장님께도 감사의 말씀 전합니다. 끝으로 본 교재로 학습하시는 모든 분들께도 고마움을 전합니다.

字 학습 전도사
리우, 한난희

차례

저자의 말   3
차례   4
이 책의 특징   6
이 책의 구성   7
이 책의 표기법 및 학습법   11

CHAPTER 1 핵심 부수 이해하기   12

DAY 01   厂~辶   14
DAY 02   尸~足   22
SPEED CHECK   30

CHAPTER 2 기초 글자 익히기   32

DAY 03   001 矮~011 穿   34
DAY 04   012 错~022 饭   41
DAY 05   023 房~033 换   48
DAY 06   034 家~044 看   55
SPEED CHECK   62

DAY 07   045 口~056 拿   64
DAY 08   057 难~067 去   71
DAY 09   068 肉~079 笑   78
DAY 10   080 鞋~091 坐   85
SPEED CHECK   92

CHAPTER 3 핵심 글자와 단어로 실력 다지기 94

DAY 11	092 办~098 不	96
DAY 12	099 差~104 地	108
SPEED CHECK		119
DAY 13	105 点~110 高	121
DAY 14	111 公~117 记	132
SPEED CHECK		144
DAY 15	118 结~125 聊	146
DAY 16	126 旅~132 热	158
SPEED CHECK		170
DAY 17	133 认~137 事	172
DAY 18	138 手~146 洗	184
SPEED CHECK		196
DAY 19	147 下~152 要	198
DAY 20	153 意~160 作	210
SPEED CHECK		223

이 책의 특징

▶ **HSK 1급~4급 및 일상회화까지 초급~준중급 어휘를 20일간 160字로 완벽 학습!**
HSK를 준비한다면 필수 어휘를 모두 외워야 할까요? 아닙니다! 20일간 출제 빈도 높은 160字만 제대로 암기하면, 파생되는 수많은 단어들을 통해 HSK 필수 어휘는 물론 빈출 어휘까지 정복할 수 있습니다.

▶ **하나의 글자를 알면 열 단어를 알게 되는 신개념 '字 학습법' 도입**
160字의 뜻과 활용, 관련 단어를 제대로 이해하고 나면 HSK 필수 어휘는 물론 그 이상의 새로운 단어와 접하게 되더라도 스스로 의미를 유추하거나 이해할 수 있게 될 것입니다. 신개념 '字 학습법'은 단어 학습에 있어서의 나비효과를 기대합니다.

▶ **HSK 베테랑 강사의 노하우가 가득 담긴 유익한 지식 大공개!**
실제 시험에서 유용한 Tip, 혼동하기 쉬운 유의어·반의어, 단어 활용 시 주의할 점 등 유익한 정보들로 단어 학습의 효율을 극대화시켜 줄 것입니다.

▶ **무조건적인 암기 NO! 이해하는 단어 학습 추구**
단어의 단순 암기를 강요하기보다는 글자 형태 해부, 기억하기 쉬운 글자 풀이, 의미 관련 삽화 등 흥미로운 학습 요소를 활용해 재미있게 이해할 수 있도록 했습니다.

▶ **복습 효과 높은 확인문제 수록**
주요 단어의 습득 결과를 스스로 확인해 볼 수 있는 복습문제(SPEED CHECK)를 제공합니다. 단순한 형태지만 복습 효과가 뛰어나므로 빠짐 없이 체크하세요!

▶ **수시로 듣고 복습할 수 있는 MP3 파일 제공**
언제 어디서든 들으면서 복습할 수 있는 MP3 파일을 제공합니다. 눈으로만 익히지 말고, 중국인의 실제 발음이 귀에 익도록 반복해서 들으세요.

▶ **카페를 통한 Q&A 및 예문 단어 제공**
공부하다가 이해가 안 되거나 궁금한 점이 있으면 언제든지 저자 카페(www.liuhsk.co.kr)에 글을 남겨 질문할 수 있습니다. 또 교재 내 예문 이해에 필요한 단어 정리 파일도 다운로드 받으실 수 있어요!

이 책의 구성

20일 완성으로 구성된 본 교재는 출제 빈도가 높은 160개 글자와 180개의 파생 단어를 중심으로 학습하여 약 900개의 단어를 마스터할 수 있도록 하였습니다. 기초 글자와 핵심 글자로 다뤄진 글자들은 HSK 공식 지정 필수 어휘[1급(150개), 2급(150개), 3급(300개), 4급(600개)]의 범위를 포함하여, 모든 어휘 암기 및 이해에 있어서 뿌리가 되고 기본이 되는 글자들입니다.

CHAPTER 1 핵심 부수 이해하기

DAY 01~02 중국어에서 가장 핵심이 되는 48개의 부수를 모아 정리하였습니다. 부수의 형태와 의미를 파악하여, 본격적인 단어 학습에 앞서 글자의 개념을 구성하는 부수의 쓰임새를 효과적으로 기억할 수 있도록 하였습니다.

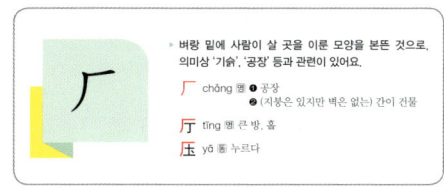

CHAPTER 2 기초 글자 익히기

DAY 03~10 활용도 높기로 소문난 동사, 형용사, 명사 중 1음절 단어 91개를 기초 글자로 모았습니다. 동사는 목적어를 뒤에 수반하기 때문에 동사와 목적어를 짝꿍으로 함께 제시하고, 형용사는 유의어와 반의어를 함께 제시하여 단어를 짧은 시간 내에 효율적으로 암기할 수 있도록 하였습니다.

표제어 1 필수 어휘 암기 및 이해에 기본이 되는 글자가 제시됩니다.

단어 점핑 일부 중복되어 언급되는 단어의 경우 해당 페이지로 가서 다시 한 번 살펴볼 수 있도록 했습니다.

플러스 단어 표제어로 제시된 글자가 포함된 주요 단어 및 표현을 소개합니다.

글자 해부 글자를 쪼개어 이해합니다.

글자 풀이 리우 선생님만의 독특한 글자 풀이입니다. 쉽게 이해하고 기억하세요!

예문과 예문 해석 각 글자의 난이도에 맞게 제공되는 쉬운 예문과 해석입니다.

이 책의 구성

CHAPTER 3 핵심 글자와 단어로 실력 다지기

| DAY 11~20 | 시험에 자주 출제되는 69개의 핵심 글자를 중심으로, 180개의 파생 단어들을 학습하면서 어휘량을 자연스럽게 늘릴 수 있도록 하였습니다.

★ 표제어마다 제공된 예문과 단어 조합 속 새 단어를 정리한 파일은 리우 HSK 카페(www.liuhsk.co.kr)에서 무료 다운로드 받으실 수 있습니다.

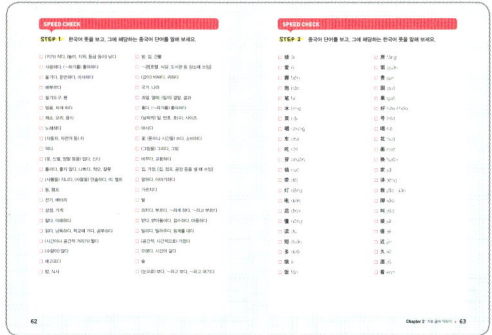

SPEED CHECK

일정 정도의 학습이 끝나면 160개 글자와 파생 단어 중심으로 다시 한 번 떠올리고, 기억할 수 있도록 복습문제를 수록했습니다. 1단계로 주어진 한국어 뜻을 보고 중국어 단어를 떠올리고, 2단계로는 반대로 중국어 단어를 보고 한국어 뜻을 떠올리는 단순하지만 효과적인 연습입니다.

색인

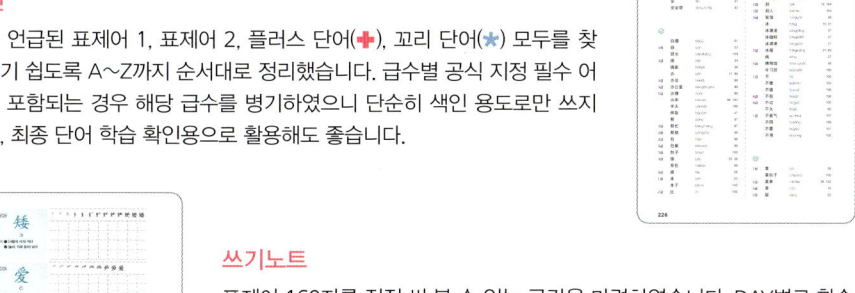

책에 언급된 표제어 1, 표제어 2, 플러스 단어(✚), 꼬리 단어(✱) 모두를 찾아보기 쉽도록 A~Z까지 순서대로 정리했습니다. 급수별 공식 지정 필수 어휘에 포함되는 경우 해당 급수를 병기하였으니 단순히 색인 용도로만 쓰지 않고, 최종 단어 학습 확인용으로 활용해도 좋습니다.

쓰기노트

표제어 160자를 직접 써 볼 수 있는 공간을 마련하였습니다. DAY별로 학습을 끝낸 후 쓰기노트를 통해 반복해서 쓰다 보면 어느새 저절로 암기가 이루어질 것입니다.

MP3 무료 다운로드

DAY별로 편집된 '표제어, 예문, 플러스 단어, 꼬리 단어'의 녹음이 '심플 버전', '일반 버전,' '친절 버전'으로 제공됩니다. 자신의 학습 환경과 성향에 맞는 버전의 녹음을 여러 번 듣고 따라 읽다 보면 단어의 뜻과 발음이 저절로 익혀질 것입니다.

심플 버전

표제어는 '중국어-한국어 뜻' 순으로, 예문·플러스 단어·꼬리 단어는 '중국어'로만 진행됩니다.

예 公司 회사 / 我们公司在7楼。 / 总公司 / 司机
　　표제어　　　　　예문　　　　플러스 단어　꼬리 단어

일반 버전

모두 '중국어-한국어 뜻' 순으로 진행됩니다.

예 公司 회사 / 我们公司在7楼。 우리 회사는 7층에 있다. / 总公司 본사 / 司机 기사
　　표제어　　　　　　　　예문　　　　　　　　　　플러스 단어　　꼬리 단어

친절 버전

모두 '중국어-한국어 뜻-중국어(한 차례 더)' 순으로 진행됩니다.

예 公司 회사 公司 / 我们公司在7楼。 우리 회사는 7층에 있다. 我们公司在7楼。 /
　　　표제어　　　　　　　　　　　　　　예문
　　总公司 본사 总公司 / 司机 기사 司机
　　　플러스 단어　　　　꼬리 단어

이 책의 표기법 및 학습법

■ 이 책의 표기법

❶ 이 책에 나오는 인명, 지명은 중국어 발음을 한국어로 표기하였습니다.

小明 → 샤오밍, 上海 → 상하이

❷ 품사는 다음과 같은 약어로 표기하였습니다.

품사	약자	품사	약자	품사	약자
명사	명	부사	부	감탄사	감
고유명사	고유	수사	수	조사	조
대사	대	양사	양	동사	동
성어	성	조동사	조동	개사	개
형용사	형	접속사	접	접미사	접미

■ 이 책의 학습법

본 교재는 단순 암기용 단어장이 아닙니다. '字(글자)'를 이해하고, '词(단어)'를 자연스럽게 내 것으로 만들 수 있게 하는 단어장입니다. 처음부터 교재에 수록된 모든 단어를 암기하려고 하지 말고, 다음과 같이 학습자 개인의 내공에 따라 부담 없이 학습하세요.

❶ 본 교재에서 권장하는 DAY별 학습 진도대로 학습합니다.
❷ 몰랐던 글자나 단어가 나오면 형광펜이나 색깔 있는 펜으로 표시합니다.
❸ 표시한 글자나 단어는 표시한 날짜 이후 5일 동안 반복해서 읽습니다.
❹ 5일 후에도 기억에 남지 않는 글자나 단어는 자신만의 암기카드에 정리합니다.

암기카드 만들기

❶ 시중에서 손에 쥘 수 있는 크기의, 링으로 된 수첩을 구입합니다.
❷ 수첩 한 장의 앞면에는 중국어로 字나 词를 적고, 뒷면에는 발음과 한국어 뜻을 적습니다.
❸ 정리한 암기카드의 내용은 반복해 들춰보면서 완전히 내 것으로 만들도록 합니다.

CHAPTER 1

핵심 부수 이해하기

부수를 알면 글자를 더 쉽게 이해할 수 있습니다. 부수, 글자, 단어, 나아가 문장의 이해까지 단계적으로 학습해 보도록 해요. CHAPTER 1에는 총 48개의 부수가 제시되어 있습니다. 본격적인 학습에 앞서 관련된 글자를 연상할 수 있는 부수가 얼마나 되는지 확인해 보세요.

- □ 厂
- □ 刂
- □ 亻
- □ 八
- □ 儿
- □ 冫
- □ 氵
- □ 阝
- □ 刀
- □ 力

- □ 工
- □ 土
- □ 扌
- □ 艹
- □ 口
- □ 囗
- □ 彳
- □ 犭
- □ 忄
- □ 广

- □ 氵
- □ 忄
- □ 宀
- □ 辶
- □ 尸
- □ 弓
- □ 女
- □ 纟
- □ 王
- □ 木

- □ 日
- □ 贝
- □ 攵
- □ 月
- □ 灬
- □ 礻
- □ 目
- □ 钅
- □ 矢
- □ 禾

- □ 鸟
- □ 疒
- □ 穴
- □ 衤
- □ 页
- □ 竹
- □ 米
- □ 足

DAY · 01

▶ 벼랑 밑에 사람이 살 곳을 이룬 모양을 본뜬 것으로, 의미상 '기슭', '공장' 등과 관련이 있어요.

厂 chǎng 명 ❶ 공장
　　　　　 ❷ (지붕은 있지만 벽은 없는) 간이 건물
厅 tīng 명 큰 방, 홀
压 yā 동 누르다

▶ '刀 dāo'가 글자 오른쪽에 쓰일 때의 형태로, 의미상 '칼'과 관련이 있어요.

别 bié 부 ~하지 마라 동 구별하다
利 lì 형 예리하다 명 이익
刮 guā 동 ❶ (칼날로) 깎다 ❷ (바람이) 불다

▶ '人 rén'이 글자 왼쪽에 쓰일 때의 형태로, 의미상 '사람'과 관련이 있어요.

你 nǐ 대 너, 당신
位 wèi 양 분[공경의 뜻을 내포함]
他 tā 대 그, 그 사람

▶ 사물을 양쪽으로 나눈 모양을 본뜬 것으로, '8, 여덟'을 뜻하며, '나누다'라는 의미를 내포해요.

六 liù ㈜ 6, 여섯
公 gōng 휑 ❶ 공공의 ❷ 공평하다 ❸ 세계 공통의
共 gòng 동 공유하다 휑 같은 분 전부, 모두

▶ '人 rén'이 글자 아래쪽에 쓰일 때의 형태로, 사람의 두 다리 모양이 떠올라요.

先 xiān 명 앞, 전 분 먼저
兄 xiōng 명 형
光 guāng 명 빛, 광선

▶ 부수로 '冫'이 쓰인 글자는 의미상 '얼음'과 관련이 있어요.

冷 lěng 휑 춥다, 차다
冰 bīng 명 얼음 동 차게 하다
决 jué 동 결정하다 분 절대로, 결코

▶ '言 yán'이 글자 왼쪽에 쓰일 때의 형태로, 의미상 '말', '글'과 관련이 있어요.

话 huà 명 ❶ 말 ❷ 이야기
说 shuō 동 말하다
读 dú 동 ❶ 읽다, 낭독하다 ❷ 학교에 가다, 공부하다

▶ 의미상 '언덕'과 관련이 있으며, 글자의 왼쪽이나 오른쪽에 위치해요.

阴 yīn 형 흐리다
都 dōu 부 모두, 다
那 nà 대 그, 저

▶ 칼의 모양을 본뜬 '刀 dāo'가 부수인 글자는 대체로 '칼'과 관련된 의미를 나타내요.

分 fēn 동 나누다
剪 jiǎn 동 (가위 등으로) 자르다, 깎다
切 qiē 동 (칼 등으로) 끊다, 자르다, 썰다

▶ 팔에 힘을 줬을 때 근육의 모양을 본뜬 '力 lì'가 부수인 글자는 의미상 '힘'과 관련이 있어요.

动 dòng 동 움직이다

加 jiā 동 더하다, 보태다

办 bàn 동 (어떤 일을) 하다, 처리하다

▶ 도구의 모양을 본뜬 것으로, 의미상 '장인', '노동자', '노동' 등과 관련이 있어요.

差 chà 형 ❶ 다르다, 차이가 나다 ❷ 나쁘다, 좋지 않다
chāi 동 파견하다

左 zuǒ 명 왼쪽

巧 qiǎo 형 ❶ 정교하다 ❷ 솜씨가 좋다

▶ 흙에서 식물이 돋아나는 모양을 본뜬 것으로 '흙'과 관련된 글자에 많이 쓰여요.

地 dì 명 ❶ 육지, 땅 ❷ 지역
de 조 ['형용사/명사/동사+地+술어동사' 형태로 쓰임]

场 chǎng 명 장소, 곳

城 chéng 명 ❶ 성 ❷ 도시

▶ 손의 모양을 본뜬 '手 shǒu'가 부수인 글자는 대체로 '손'과 관련된 의미를 나타내요.

打 dǎ 동 ❶ 치다, 때리다 ❷ (어떤 동작을) 하다
找 zhǎo 동 ❶ 찾다, 구하다 ❷ (돈을) 거슬러 주다
拉 lā 동 끌다, 당기다

▶ 의미상 '풀'과 관련이 있으며, 주로 글자의 위쪽에 위치해요.

草 cǎo 명 풀
花 huā 명 꽃
茶 chá 명 차

▶ 입 모양을 본뜬 '口 kǒu'가 부수인 글자는 대체로 먹고, 마시고, 말하는 것 등과 관련이 있어요.

吃 chī 동 먹다
叫 jiào 동 ❶ 외치다, 고함치다 ❷ 부르다
唱 chàng 동 노래하다

▶ 성벽 등으로 사방을 에워싼 모양을 본뜬 부수예요.

国 guó 명 국가, 나라

回 huí 동 ❶ (원래의 곳으로) 돌아오다, 돌아가다
❷ 대답하다

四 sì 수 4, 넷

▶ 사람의 다리 모양을 본뜬 부수예요.

往 wǎng 동 (~로) 향하다 개 ~쪽으로

很 hěn 부 매우

得 de 조 [동사나 형용사 뒤에 쓰여 보어를 이끌어 냄]
dé 동 얻다, 획득하다
děi 조동 ~해야 한다

▶ '개'를 뜻하는 '犬 quǎn'이 글자 왼쪽에 쓰일 때의 형태로 갯과, 원숭이과 등 동물을 나타내는 글자에서 쉽게 볼 수 있어요.

狗 gǒu 명 개

猪 zhū 명 돼지

狼 láng 명 늑대

CHAPTER 1 핵심 부수 이해하기

▶ '食 shí'가 글자 왼쪽에 쓰일 때의 형태로, 의미상 '밥', '먹다' 등과 관련이 있어요.

饭 fàn 몡 밥, 식사
饱 bǎo 혱 배부르다
饿 è 혱 배고프다

▶ 지붕의 모양을 본뜬 부수예요.

床 chuáng 몡 침대
店 diàn 몡 상점, 가게
座 zuò 몡 좌석

▶ '水 shuǐ'가 글자 왼쪽에 쓰일 때의 형태로, 의미상 '물'과 관련이 있어요.

江 jiāng 몡 강
汗 hàn 몡 땀
酒 jiǔ 몡 술

▶ '心 xīn'이 글자 왼쪽에 쓰일 때의 형태로, 의미상 '마음', '생각'과 관련이 있어요.

忙 máng [형] 바쁘다

快 kuài [형] ❶ 빠르다 ❷ 유쾌하다, 즐겁다

慢 màn [형] 느리다

▶ 지붕이 덮어 씌워져 있는 모양을 본뜬 것으로, 의미상 '집'과 관련이 있어요.

家 jiā [명] 집

安 ān [형] 편안하다

完 wán [동] 완성하다, 끝마치다

▶ '쉬엄쉬엄 가다', '달리다'라는 의미를 갖고 있어요.

近 jìn [형] 가깝다

远 yuǎn [형] (공간적·시간적으로) 멀다

送 sòng [동] ❶ (선물을) 주다 ❷ 배웅하다

DAY · 02

▶ 사람이 반듯이 누워 있는 모양을 본뜬 것으로 '시체'라는 의미를 갖고 있어요.

层 céng 명 층 양 층, 겹
屋 wū 명 방, 거실
局 jú 명 국[조직 내 업무 기구]

▶ 활의 모양을 본뜬 부수예요.

张 zhāng 동 열다, 펼치다 양 장[종이 등을 셀 때 쓰임]
弱 ruò 형 약하다, 허약하다
强 qiáng 형 강하다, 힘이 세다

▶ 여자가 손을 앞으로 모아 무릎을 꿇고 앉은 모양을 본뜬 것으로 '여자'를 뜻해요.

妈 mā 명 엄마
她 tā 대 그녀
好 hǎo 형 좋다
　 hào 동 (~하기를) 좋아하다

▶ '실'을 뜻하는 '糸 mì'가 글자 왼쪽에 쓰일 때의 형태예요.

给 gěi 동 주다
红 hóng 형 붉다, 빨갛다
细 xì 형 가늘다

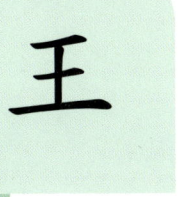

▶ 의미상 '옥' 또는 '임금'과 관련이 있으며, 주로 글자의 왼쪽에 위치해요.

球 qiú 명 공, 볼
班 bān 명 ❶ 반, 그룹 ❷ 근무
理 lǐ 동 ❶ 정리하다 ❷ 다스리다

▶ '木 mù'가 부수로 쓰인 글자는 '나무'와 관련이 있어요.

树 shù 명 나무
楼 lóu 명 층
本 běn 명 공책

▶ 해를 본뜬 것으로 의미상 '해'와 관련이 있어요.

早 zǎo 명 아침 형 (때가) 이르다, 빠르다
晚 wǎn 명 저녁 형 (때가) 늦다
晴 qíng 형 (하늘이) 맑다

▶ '조개'를 뜻해요. 옛날에는 조개가 화폐의 기능을 했기 때문에 '贝 bèi'가 쓰인 글자는 의미상 '돈'과 관련이 있어요.

贵 guì 형 (값이) 비싸다
购 gòu 동 사다, 구매하다
费 fèi 명 비용 동 쓰다, 소비하다

▶ '치다', '글'이라는 의미를 갖고 있어요.

改 gǎi 동 고치다, 바꾸다
收 shōu 동 받다, 접수하다
教 jiāo / jiào 동 가르치다

▶ '(동물의) 고기', '(사람의) 살'을 뜻하는 '肉 ròu'가 '신체' 관련 글자의 부수로 쓰일 때의 형태예요.

脚 jiǎo 몡 발

肥 féi 혱 지방이 많다, 기름지다

脑 nǎo 몡 ❶ 뇌 ❷ 머리

DAY 02

▶ '火 huǒ'가 글자 아래쪽에 쓰일 때의 형태로, 의미상 '불'과 관련이 있어요.

点 diǎn 동 ❶ 불을 붙이다 ❷ 주문하다

热 rè 혱 덥다, 뜨겁다 몡 열
　　 동 (음식물 등을) 가열하다, 데우다

照 zhào 동 ❶ (빛을) 비추다, (빛이) 비치다
　　 ❷ (사진이나 영화를) 찍다

▶ '示 shì'가 글자 왼쪽에 쓰일 때의 형태로, '보다'라는 의미를 갖고 있어요.

祝 zhù 동 축하하다, 축복하다

礼 lǐ 몡 ❶ 예의, 예절 ❷ 선물

视 shì 동 보다

CHAPTER 1 핵심 부수 이해하기 ★ 25

▶ 사람의 눈 모양을 본뜬 것으로 '目 mù'가 부수인 글자는 대체로 '눈'과 관련이 있어요.

看 kàn 동 (눈으로) 보다
盲 máng 형 눈이 멀다, 보이지 않다
眉 méi 명 눈썹

▶ '金 jīn'이 글자 왼쪽에 쓰일 때의 형태로 의미상 '쇠'와 관련이 있어요.

错 cuò 형 ❶틀리다 ❷좋지 않다, 나쁘다
　　　 명 착오, 잘못
钱 qián 명 돈, 화폐
钟 zhōng 명 ❶종 ❷(괘종·탁상)시계 ❸시간

▶ 화살촉과 깃의 모양을 본뜬 부수예요.

短 duǎn 형 짧다
矮 ǎi 형 ❶(키가) 작다 ❷(높이, 지위, 등급 등이) 낮다
知 zhī 동 알다, 이해하다

▶ 곡물의 이삭이 축 늘어진 모양을 본뜬 부수예요.

秋 qiū 명 가을
种 zhǒng 명 ❶ 종자, 씨앗 ❷ 종류
　　zhòng 동 심다, 뿌리다
称 chēng 동 부르다, 칭하다

▶ 새의 모양을 본뜬 것으로 그와 관련된 글자에 많이 쓰여요.

鸟 niǎo 명 새
鸡 jī 명 닭
鸭 yā 명 오리

▶ '병들어 기대다'라는 의미를 나타내며, 주로 '병'과 관련된 글자에 많이 쓰여요.

病 bìng 명 병, 질병
疼 téng 형 아프다
痛 tòng 형 아프다

▶ 동굴 집의 모양을 본뜬 것으로, 의미상 '구멍'과 관련이 있어요.

穿 chuān 동 입다, 신다
窗 chuāng 명 창, 창문
空 kōng 형 (속이) 비다
　kòng 명 빈 곳, 틈, 짬

▶ '옷'을 뜻하는 '衣 yī'가 글자 왼쪽에 쓰일 때의 형태예요.

裤 kù 명 바지
裙 qún 명 치마
被 bèi 명 이불

▶ '머리'를 뜻하며, 책의 '면(page)'을 나타내기도 해요.

顿 dùn 양 번, 차례[식사, 질책 등의 횟수를 셀 때 쓰임]
题 tí 명 ❶ 제목 ❷ 문제
顺 shùn 형 순조롭다

▶ 대나무의 모양을 본뜬 부수예요.

笔 bǐ 명 필기도구, 펜
等 děng 동 기다리다 명 등급
笑 xiào 동 웃다

▶ 벼의 모양을 본뜬 것으로 '쌀'을 뜻해요.

糖 táng 명 ❶ 설탕 ❷ 사탕
粉 fěn 명 가루, 분말
类 lèi 명 종류

▶ 무릎에서 발끝까지의 모양을 본뜬 것으로, 의미상 '발'과 관련이 있어요.

跑 pǎo 동 달리다, 뛰다
路 lù 명 길, 도로
跳 tiào 동 뛰다, 도약하다

SPEED CHECK

STEP 1 제시된 부수가 쓰인 글자를 하나 이상 떠올려 보세요.

- ☐ 厂
- ☐ 刂
- ☐ 亻
- ☐ 八
- ☐ 儿
- ☐ 冫
- ☐ 辶
- ☐ 阝
- ☐ 刀
- ☐ 力
- ☐ 工
- ☐ 土
- ☐ 扌
- ☐ 艹
- ☐ 口
- ☐ 囗
- ☐ 彳
- ☐ 犭
- ☐ 饣
- ☐ 广
- ☐ 氵
- ☐ 忄
- ☐ 宀
- ☐ 辶

- ☐ 尸
- ☐ 弓
- ☐ 女
- ☐ 纟
- ☐ 王
- ☐ 木
- ☐ 日
- ☐ 贝
- ☐ 攵
- ☐ 月
- ☐ 灬
- ☐ 礻
- ☐ 目
- ☐ 钅
- ☐ 矢
- ☐ 禾
- ☐ 鸟
- ☐ 疒
- ☐ 穴
- ☐ 衤
- ☐ 页
- ☐ 竹
- ☐ 米
- ☐ 足

SPEED CHECK

STEP 2 제시된 글자에 공통적으로 쓰인 부수가 무엇인지 찾아 보세요.

- ☐ 厂, 厅, 压
- ☐ 别, 利, 刮
- ☐ 你, 位, 他
- ☐ 六, 公, 共
- ☐ 先, 兄, 光
- ☐ 冷, 冰, 决
- ☐ 话, 说, 读
- ☐ 阴, 都, 那
- ☐ 分, 剪, 切
- ☐ 动, 加, 办
- ☐ 差, 左, 巧
- ☐ 地, 场, 城
- ☐ 打, 找, 拉
- ☐ 草, 花, 茶
- ☐ 吃, 叫, 唱
- ☐ 国, 回, 四
- ☐ 往, 很, 得
- ☐ 狗, 猪, 狼
- ☐ 饭, 饱, 饿
- ☐ 床, 店, 座
- ☐ 江, 汗, 酒
- ☐ 忙, 快, 慢
- ☐ 家, 安, 完
- ☐ 近, 远, 送

- ☐ 层, 屋, 局
- ☐ 张, 弱, 强
- ☐ 妈, 她, 好
- ☐ 给, 红, 细
- ☐ 球, 班, 理
- ☐ 树, 楼, 本
- ☐ 早, 晚, 晴
- ☐ 贵, 购, 费
- ☐ 改, 收, 教
- ☐ 脚, 肥, 脑
- ☐ 点, 热, 照
- ☐ 祝, 礼, 视
- ☐ 看, 盲, 眉
- ☐ 错, 钱, 钟
- ☐ 短, 矮, 知
- ☐ 秋, 种, 称
- ☐ 鸟, 鸡, 鸭
- ☐ 病, 疼, 痛
- ☐ 穿, 窗, 空
- ☐ 裤, 裙, 被
- ☐ 顿, 题, 顺
- ☐ 笔, 等, 笑
- ☐ 糖, 粉, 类
- ☐ 跑, 路, 跳

CHAPTER 2

기초 글자 익히기

CHAPTER 2에서는 활용도 높기로 소문난 동사, 형용사, 명사 중 1음절로 이루어진 91개 단어를 학습합니다. 지금까지 중국어를 조금 배웠다면 한 번쯤 접해 봤을 글자들을 그대로 암기해도 좋을 양질의 예문과 함께 익히고, 꼬리 단어, 플러스 단어를 통해 어휘의 무한 확장을 경험해 보세요.

☐ 矮	☐ 带	☐ 贵	☐ 脚	☐ 累	☐ 票	☐ 说	☐ 用
☐ 爱	☐ 灯	☐ 国	☐ 叫	☐ 冷	☐ 骑	☐ 送	☐ 鱼
☐ 搬	☐ 电	☐ 果	☐ 接	☐ 亮	☐ 钱	☐ 跳	☐ 员
☐ 饱	☐ 店	☐ 好	☐ 借	☐ 买	☐ 晴	☐ 听	☐ 找
☐ 笔	☐ 懂	☐ 号	☐ 近	☐ 慢	☐ 请	☐ 问	☐ 住
☐ 冰	☐ 读	☐ 喝	☐ 久	☐ 美	☐ 球	☐ 箱	☐ 子
☐ 菜	☐ 短	☐ 花	☐ 酒	☐ 门	☐ 去	☐ 笑	☐ 坐
☐ 唱	☐ 多	☐ 画	☐ 看	☐ 拿	☐ 肉	☐ 鞋	
☐ 车	☐ 饿	☐ 换	☐ 口	☐ 难	☐ 伞	☐ 写	
☐ 吃	☐ 饭	☐ 家	☐ 哭	☐ 鸟	☐ 色	☐ 眼	
☐ 穿	☐ 房	☐ 讲	☐ 快	☐ 胖	☐ 书	☐ 药	
☐ 错	☐ 馆	☐ 教	☐ 老	☐ 跑	☐ 睡	☐ 衣	

DAY · 03　TRACK 03

001

矮
ǎi

矢 화살 + 禾 벼 + 女 여자
화살(矢)과 벼(禾)와 여자(女)는 모두 길이가 짧다(矮)?

[형] ❶ (사람의 키가) 작다
　　❷ (높이, 지위, 등급 등이) 낮다

他是班里个子最矮的学生。→ 형용사1 용법
Tā shì bān li gèzi zuì ǎi de xuésheng.
그는 반에서 키가 가장 작은 학생이다.

» 班 bān [명] 반 | 里 li [명] 안, 속 | 个子 gèzi [명] 키 | 最 zuì [부] 제일, 가장 | 学生 xuésheng [명] 학생

这个椅子太矮了，不太舒服。→ 형용사2 용법
Zhège yǐzi tài ǎi le, bú tài shūfu.
이 의자는 너무 낮아서 별로 편하지 않다.

» 椅子 yǐzi [명] 의자 | 太 tài [부] 너무, 몹시, (부정형과 쓰여) 별로 | 舒服 shūfu [형] 편안하다

> **Tip** 잘 배운 한 글자(字), 열 단어 안 부럽다
>
> 돌발 퀴즈! 형용사 '矮小'는 무슨 뜻일까요? '작다'라는 뜻의 '矮 ǎi'와 '小 xiǎo ▶ p.200' 중 하나만 알아도 의미를 대강 유추해 볼 수 있습니다. 한 글자를 제대로 익히면 두 단어, 세 단어 이상을 알 수 있게 된다는 사실!

➕ 矮小 ǎixiǎo [형] (체구가) 왜소하다

002

爱
ài

爫 손톱 + 冖 덮다 + 友 친구
손톱(爫)을 마주 덮고(冖) 친구(友)에 대한 사랑(爱)을 표현해요.

동 ❶ 사랑하다
❷ (~하기를) 좋아하다

我爱我的爸爸。 → 동사1 용법
Wǒ ài wǒ de bàba.
나는 우리 아빠를 사랑한다.

» 爸爸 bàba 명 아빠

我爱吃水果。 → 동사2 용법
Wǒ ài chī shuǐguǒ.
나는 과일 먹는 것을 좋아한다.

» 吃 chī 동 먹다 | 水果 shuǐguǒ 명 과일

> **Tip** 나는 ~하기를 좋아해: 我爱+동사(+목적어)
> '(~하기를) 좋아하다'라는 뜻으로 사용될 때의 '爱' 뒤에는 동사가 목적어로 옵니다. 다시 말해 '我爱吃水果。Wǒ ài chī shuǐguǒ.'라고 해야지 '我爱水果。Wǒ ài shuǐguǒ.'라고 하면 틀립니다.

✚ 爱好 àihào 명 취미 | 可爱 kě'ài 형 사랑스럽다, 귀엽다 | 谈恋爱 tán liàn'ài 연애하다 | 爱人 àiren 명 남편, 아내[배우자를 가리킴] | 相爱 xiāng'ài 동 서로 사랑하다

003

搬
bān

扌(手) 손+般 ~와 같은
손(扌)으로 의자 같은(般) 물건을 옮겨요(搬).

동 ❶ 옮기다, 운반하다
❷ 이사하다

请把椅子搬到后面去。 → 동사1 용법
Qǐng bǎ yǐzi bān dào hòumiàn qù.
의자를 뒤쪽으로 옮겨 주세요.

» 请 qǐng 동 청하다, 부탁하다 | 把 bǎ 개 ~를 | 后面 hòumiàn 명 뒤(쪽)

CHAPTER 2 기초 글자 익히기 ★ 35

搬行李 짐을 옮기다
bān xíngli

» 行李 xíngli 명 짐

> **Tip** 부수로 유추해 보는 글자의 뜻
>
> '搬'처럼 '扌(手)'가 부수인 글자들은 주로 '손'과 관련된 의미를 가집니다.
>
> 打 dǎ 통 치다, 때리다 ▶ p.113 | 扫 sǎo 통 청소하다 | 扔 rēng 통 던지다, 내버리다 | 拉 lā 통 당기다 | 推 tuī 통 밀다 | 抱 bào 통 안다, 포옹하다 | 找 zhǎo 통 찾다, 구하다 ▶ p.89

✚ 搬家 bānjiā 통 이사하다

004

bǎo

饣(食) 밥 + 包 보따리
밥(饣)을 한 보따리(包) 먹었더니 배불러요(饱).

형 배부르다 [↔饿 è ▶ p.47]

我吃得太饱了。
Wǒ chī de tài bǎo le.
나는 너무 배불리 먹었다.

> **Tip** 결과보어 '饱'
>
> '饱'는 '吃饱(배불리 먹다)'의 형태로 동사 '吃' 뒤에 위치해 동작의 결과를 나타내는 결과보어로 자주 쓰입니다.

36

005

笔
bǐ

竹 대나무 + 毛 털, 깃털
옛날에는 대나무(竹)와 털(毛)로 필기도구(笔)를 만들었어요.

명 필기도구, 펜

我昨天买了一支钢笔。
Wǒ zuótiān mǎile yì zhī gāngbǐ.
나는 어제 만년필 한 자루를 샀다.

» 昨天 zuótiān 명 어제 | 买 mǎi 동 사다 | 支 zhī 양 자루[막대 모양의 물건을 셀 때 쓰임]

➕ 钢笔 gāngbǐ 명 만년필, 펜 | 铅笔 qiānbǐ 명 연필 | 圆珠笔 yuánzhūbǐ 명 볼펜 | 笔记本 bǐjìběn 명 노트, 노트북 컴퓨터 ▶ p.143

006

冰
bīng

冫 얼음 + 水 물
얼음(冫)이 물(水)을 만나면 다시 얼음(冰)이 되죠.

명 얼음
동 차게 하다

今天天气太热了，我想喝一杯冰咖啡。
Jīntiān tiānqì tài rè le, wǒ xiǎng hē yì bēi bīngkāfēi.
오늘 날씨가 너무 더워서 아이스커피 한 잔을 마시고 싶어. → 명사 용법

» 今天 jīntiān 명 오늘 | 天气 tiānqì 명 날씨 | 热 rè 형 덥다 | 想 xiǎng 조동 ~하고 싶다 | 喝 hē 동 마시다 | 杯 bēi 양 잔, 컵 | 咖啡 kāfēi 명 커피

➕ 冰箱 bīngxiāng 명 냉장고 | 冰咖啡 bīngkāfēi 명 아이스커피 | 冰激凌 bīngjīlíng 冰淇淋 bīngqílín 명 아이스크림 | 滑冰 huábīng 동 스케이트를 타다 명 스케이팅

007

菜
cài

⺾ 풀 + 采 캐다, 따다
밭에서 풀(⺾)을 캤더니(采) 채소(菜)네요.

명 ❶ 채소
❷ 요리, 음식

奶奶做的菜非常好吃。 명사2 용법
Nǎinai zuò de cài fēicháng hǎochī.
할머니께서 만드신 요리는 아주 맛있다.

» 奶奶 nǎinai 명 할머니 | 做 zuò 동 만들다 | 非常 fēicháng 부 대단히, 매우, 아주 | 好吃 hǎochī 형 맛있다

> **Tip** 한국 음식, 중국 음식, 일본 음식
> 각각 '韩国菜 Hánguócài', '中国菜 Zhōngguócài', '日本菜 Rìběncài'라고 말합니다.

➕ 蔬菜 shūcài 명 채소 | 泡菜 pàocài 명 김치 | 菜单 càidān 명 메뉴 | 拿手菜 náshǒucài 명 가장 자신 있는 요리

008

唱
chàng

口 입 + 昌 흥하다, 번창하다
입(口)으로 번창한다(昌)고 노래를 하면(唱) 정말로 번창해요.

동 노래하다

小王喜欢唱汉语歌。
Xiǎo Wáng xǐhuan chàng Hànyǔ gē.
샤오왕은 중국 노래 부르는 것을 좋아한다.

» 喜欢 xǐhuan 동 좋아하다 | 汉语 Hànyǔ 고유 중국어 | 歌 gē 명 노래

➕ 唱歌 chàng gē 노래하다 | 合唱 héchàng 명동 합창(하다) | 独唱 dúchàng 명동 독창(하다)

009

chē

车(車) 수레의 모양을 본뜬 글자

명 차[자동차, 자전거 등 바퀴 달린 운송 수단을 총칭함]

我想买一辆车。 나는 차를 한 대 사고 싶다.
Wǒ xiǎng mǎi yí liàng chē.
» 辆 liàng 양 대, 량[차량을 셀 때 쓰임]

上车 차에 타다   下车 차에서 내리다
shàng chē   xià chē

坐车 차를 타다   骑车 자전거를 타다
zuò chē   qí chē

» 坐 zuò 동 (자동차, 배 등을) 타다 | 骑 qí 동 (자전거나 말 등을) 타다

> **Tip** '车'로 끝나는 교통수단
>
> 汽车 qìchē 명 자동차 | 自行车 zìxíngchē 명 자전거 | 火车 huǒchē 명 기차 | 出租车 chūzūchē 명 택시 ▶ p.112 | 公共汽车 gōnggòng qìchē 公交车 gōngjiāochē 명 버스 | 列车 lièchē 명 열차 | 摩托车 mótuōchē 명 오토바이 | 卡车 kǎchē 명 트럭 | 救护车 jiùhùchē 명 구급차

➕ 开车 kāichē 동 차를 운전하다 | 堵车 dǔchē 동 차가 막히다 | 车票 chēpiào 명 차표, 승차권

010

chī

口 입 + 乞 구걸하다
입(口)으로 먹을 것을 구걸해서(乞) 먹어요(吃).

동 먹다

我早上**吃**了一个大苹果。
Wǒ zǎoshang chīle yí ge dà píngguǒ.
나는 아침에 큰 사과 하나를 먹었다.
» 早上 zǎoshang 몡 아침 | 大 dà 혱 크다 | 苹果 píngguǒ 몡 사과

吃饺子 쟈오즈를 먹다
chī jiǎozi

吃饱 배불리 먹다
chībǎo

» 饺子 jiǎozi 몡 쟈오즈[반달 모양의 소가 든 만두]

➕ **吃**醋 chīcù 동 질투하다 | 小**吃** xiǎochī 몡 간식 | 好**吃** hǎochī 혱 맛있다 | 难**吃** nánchī 혱 맛이 없다

011

穿
chuān

穴 구멍 + 牙 치아
우리 집 강아지가 이빨(牙)로 물어뜯어 구멍(穴)이 난 옷을 입었어요(穿).

동 (옷, 신발, 양말 등을) 입다, 신다 [↔脱 tuō]

你今天**穿**的衣服很漂亮。 너 오늘 입은 옷 예쁘다.
Nǐ jīntiān chuān de yīfu hěn piàoliang.
» 衣服 yīfu 몡 옷 | 漂亮 piàoliang 혱 예쁘다

穿鞋 신발을 신다
chuān xié

穿袜子 양말을 신다
chuān wàzi

» 鞋 xié 몡 신발 | 袜子 wàzi 몡 양말

> **Tip** '**穿**'과 '**戴** dài'
>
> '穿'은 치마나 바지 등을 '입고' 양말이나 신발 등을 '신는' 동작을 나타내고, '戴'는 반지나 안경을 '끼는' 동작, 손목시계나 목걸이를 '차는' 동작, 목도리를 '두르는' 동작을 나타냅니다.
>
> **穿**裙子 chuān qúnzi 치마를 입다 | **穿**裤子 chuān kùzi 바지를 입다 | **戴**眼镜 dài yǎnjìng 안경을 쓰다 | **戴**手表 dài shǒubiǎo 손목시계를 차다

DAY · 04　TRACK 04

012

错 cuò

钅(金) 쇠 + 昔 옛날
쇠(钅)를 옛날(昔)에는 나무로 잘못(错) 알고 있었어요.

[형] ❶ 틀리다 [→没错 méi cuò]
　　 ❷ 서투르다, 나쁘다 [주로 '不错 ▶ p.106'의 형태로 씀]
[명] 착오, 잘못

您别生气了，我知道自己做错了。　→ 형용사1 용법
Nín bié shēngqì le, wǒ zhīdào zìjǐ zuòcuò le.
화내지 마세요. 내가 잘못했다는 거 알아요.

» 别 bié [부] ~하지 마라 | 生气 shēngqì [동] 화내다 | 知道 zhīdào [동] 알다 | 自己 zìjǐ [대] 자기, 자신 | 做 zuò [동] 하다

他的汉语说得不错。　→ 형용사2 용법
Tā de Hànyǔ shuō de búcuò.
그는 중국어를 잘한다.

» 说 shuō [동] 말하다 | 不错 búcuò [형] 좋다, 괜찮다

> **Tip 결과보어 '错'**
>
> '错'는 종종 '동사+错'의 형태로 쓰여 '잘못 ~하다'라는 뜻을 나타냅니다.
>
> 打错 dǎcuò (전화를) 잘못 걸다 | 走错 zǒucuò 길을 잘못 들다 | 看错 kàncuò 잘못 보다 | 写错 xiěcuò 잘못 쓰다 | 读错 dúcuò 잘못 읽다

带
dài

卅 30+ 冖 덮다+巾 수건
30(卅)명이 덮을(冖) 수건(巾)을 휴대하고(带) 여행을 가요.

[동] ❶ (사물을) 지니다, 휴대하다
　　 ❷ (사람을) 인솔하다, 이끌다, 데려가다
[명] 띠, 벨트

你带手机了吗？ →동사1 용법
Nǐ dài shǒujī le ma?
너 휴대전화 챙겼니?

» 手机 shǒujī [명] 휴대전화

你带学生去那个大教室。 →동사2 용법
Nǐ dài xuésheng qù nàge dà jiàoshì.
학생을 데리고 저 큰 교실로 가세요.

» 学生 xuésheng [명] 학생 | 教室 jiàoshì [명] 교실

开车的时候，一定要系好安全带。 →명사 용법
Kāichē de shíhou, yídìng yào jìhǎo ānquándài.
운전할 때는 반드시 안전벨트를 잘 매야 한다.

» 时候 shíhou [명] 때 | 一定 yídìng [부] 반드시 | 要 yào [조동] ~해야 한다 | 系 jì [동] 매다, 묶다 | 好 hǎo [형] [동사 뒤에 위치해 완성, 잘 마무리됨을 나타냄]

> **Tip** 여러 가지 뜻을 지닌 '带'
>
> 동사로 쓰인 '带'는 목적어가 사물이면 '지니다, 휴대하다', 목적어가 사람이면 '인솔하다, 이끌다, 데려가다'라는 뜻을 나타냅니다. 또 '띠, 벨트'라는 명사 뜻도 지니고 있는데, '带' 앞뒤에 함께 쓰인 글자나 단어가 무엇인지 알면 어떤 의미로 해석해야 할지 쉽게 알 수 있습니다.

✚ **安全**带 ānquándài [명] 안전벨트 | **鞋**带 xiédài [명] 신발끈 | **腰**带 yāodài [명] 허리띠

014

dēng

火 불 + 丁 못의 모양을 본뜬 글자
불(火)을 못(丁)으로 고정시켜 등(灯)을 만들었어요.

📖 등, 램프

办公室里的灯坏了。
Bàngōngshì li de dēng huài le.
사무실 안의 등이 고장 났다.

» **办公室** bàngōngshì 📖 사무실 | **坏** huài 📖 고장 나다, 망가지다

➕ **电灯** diàndēng 📖 전등 | **红绿灯** hónglǜdēng 📖 신호등

015

diàn

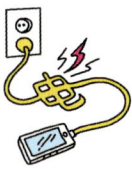

번체자 電의 电만 따서 만든 간체자

📖 전기, 배터리

我的手机没电了，你帮我充充电。
Wǒ de shǒujī méi diàn le, nǐ bāng wǒ chōngchong diàn.
내 휴대전화 배터리가 다 됐어. 충전 좀 해 줘.

» **没** méi 📖 없다 | **帮** bāng 📖 돕다 | **充电** chōngdiàn 📖 충전하다

> **'电'이 쓰인 단어**
>
> **电脑** diànnǎo 📖 컴퓨터 | **电视** diànshì 📖 텔레비전 | **电视剧** diànshìjù 📖 텔레비전 드라마 | **电话** diànhuà 📖 전화 | **电影** diànyǐng 📖 영화 | **电梯** diàntī 📖 엘리베이터 | **电池** diànchí 📖 건전지 | **充电器** chōngdiànqì 📖 충전기 | **电子邮件** diànzǐ yóujiàn 📖 전자 우편, 이메일 | **电子词典** diànzǐ cídiǎn 📖 전자사전

016

店
diàn

广 넓다 + 占 차지하다
길가에 넓은(广) 면적을 차지하는(占) 곳이 가게(店)예요.

명 상점, 가게

我家附近新开了一家百货商店。
Wǒ jiā fùjìn xīn kāile yì jiā bǎihuò shāngdiàn.
우리 집 근처에 백화점 하나가 새로 생겼다.

» 家 jiā 명 집 | 附近 fùjìn 명 부근, 근처 | 新 xīn 부 새로이 | 开 kāi 동 열다 | 家 jiā 양 [집, 점포, 공장 등을 셀 때 쓰임] | 百货商店 bǎihuò shāngdiàn 명 백화점, 마트

Tip '店'으로 끝나는 상업적 용도의 건물

商店 shāngdiàn 명 상점 | 饭店 fàndiàn 酒店 jiǔdiàn 명 호텔 | 书店 shūdiàn 명 서점 | 花店 huādiàn 명 꽃집 | 药店 yàodiàn 명 약국

➕ 店员 diànyuán 명 (상점의) 점원

017

懂
dǒng

忄(心) 마음 + 艹 풀 + 重 무겁다
누군가는 풀(艹)도 무겁다고(重) 생각할(忄) 수 있다는 것을 이해해요(懂).

동 알다, 이해하다

我懂你的意思。 나는 네 뜻을 이해했어.
Wǒ dǒng nǐ de yìsi.

» 意思 yìsi 명 의미, 뜻

你听懂我刚才讲的内容了吗?
Nǐ tīngdǒng wǒ gāngcái jiǎng de nèiróng le ma?
너 내가 방금 말한 내용을 알아들었니?

» 听 tīng 동 듣다 | 刚才 gāngcái 명 방금 | 讲 jiǎng 동 말하다 | 内容 nèiróng 명 내용

44

> **Tip** 결과보어 '懂'
>
> '懂' 역시 동사술어 뒤에서 동작의 결과를 나타내는 보어로 많이 쓰입니다.
>
> 听懂 tīngdǒng 알아듣다 | 看懂 kàndǒng 보고 이해하다

018

读
dú

讠(言) 말씀 + 卖 팔다
말(讠)을 잘해서 물건을 팔려면(卖) 책을 많이 읽어야(读) 해요.

[동] ❶ 읽다, 낭독하다
　　❷ 학교에 가다, 공부하다

老师刚才读错了一个字。→ 동사1 용법
Lǎoshī gāngcái dúcuòle yí ge zì.
선생님께서 방금 글자 한 개를 잘못 읽으셨다.

》 老师 lǎoshī [명] 선생님 | 字 zì [명] 글자

她的女儿还在读书。→ 동사2 용법
Tā de nǚ'ér hái zài dúshū.
그녀의 딸아이는 아직 학교에 다니고 있다.

》 女儿 nǚ'ér [명] 딸 | 还 hái [부] 아직 | 在 zài [부] 지금 ~하고 있다

＋ 读书 dúshū [동] 책을 읽다, 공부하다, 학교에 다니다 | 读者 dúzhě [명] 독자 | 读物 dúwù [명] 읽을거리 | 阅读 yuèdú [동] (글 등을) 읽다

019

短
duǎn

矢 화살 + 豆 콩
화살(矢)이 콩(豆)을 맞히려면 화살 길이가 짧아야(短) 해요.

[형] (시간이나 공간적 거리가) 짧다[↔长 cháng ▶ p.108]

这条裙子太短了，我穿不了。
Zhè tiáo qúnzi tài duǎn le, wǒ chuān bu liǎo.
이 치마는 너무 짧아서 내가 입을 수 없다.

» 条 tiáo 양 [가늘고 긴 사물을 셀 때 쓰임] | 裙子 qúnzi 명 치마 |
……不了 ……bu liǎo ~할 수 없다

➕ 短期 duǎnqī 명 단기간 | 短信 duǎnxìn 명 문자메시지 |
长短 chángduǎn 명 길이, 치수

020

多
duō

夕 저녁 + 夕 저녁
저녁(夕)마다 많은(多) 음식을 먹어요.

형 (수량이) 많다[↔少 shǎo]

今天作业不多。 오늘은 숙제가 많지 않다.
Jīntiān zuòyè bù duō.

» 作业 zuòyè 명 숙제

我有很多外国朋友。 나는 외국인 친구가 많다.
Wǒ yǒu hěn duō wàiguó péngyou.

» 有 yǒu 동 있다 | 外国 wàiguó 명 외국 | 朋友 péngyou 명 친구

> Tip **부사어로도 쓰이는 '多'**
>
> '多'는 위 예문에서처럼 술어나 관형어로 많이 쓰이지만, (주로 명령문에서) 동사 앞에 부사어로 쓰이기도 합니다.
>
> 예 你多吃。 많이 먹어.
>   Nǐ duō chī.

➕ 多少 duōshao 대 얼마, 몇 | 多么 duōme 부 얼마나[감탄문에 쓰여 정도가 심함을 나타냄] | 多久 duōjiǔ 대 얼마나 오래, 얼마 동안 |
许多 xǔduō 형 매우 많다

021

饿
è

饣(食) 밥 + 我 나
밥(饣)을 못 먹어서 나(我)는 배가 고파요(饿).

형 배고프다 [↔饱 bǎo ▶ p.36]

我现在很**饿**。 나는 지금 배가 고프다.
Wǒ xiànzài hěn è.

» 现在 xiànzài 명 지금, 현재

饿死了 배고파 죽겠다
è sǐ le

饿得不行 매우 배고프다
è de bùxíng

022

饭
fàn

饣(食) 밥 + 反 반대하다
밥(饣)을 반대로(反) 뱉어내는 것은 식사(饭) 예절이 아니죠.

명 밥, 식사

我今天没吃早**饭**。 나는 오늘 아침을 안 먹었다.
Wǒ jīntiān méi chī zǎofàn.

» 没 méi 부 ~않다 [경험, 행위, 사실 등을 부정함]

➕ 吃**饭** chīfàn 동 밥을 먹다, 식사하다 | **饭**店 fàndiàn 명 호텔 | 米**饭** mǐfàn 명 쌀밥 | **饭**菜 fàncài 명 반찬 | **饭**碗 fànwǎn 명 밥그릇, 밥공기 | 早**饭** zǎofàn 명 아침밥 | 午**饭** wǔfàn 명 점심밥 | 晚**饭** wǎnfàn 명 저녁밥 | 盒**饭** héfàn 명 도시락 | 拌**饭** bànfàn 명 비빔밥 | 炒**饭** chǎofàn 명 볶음밥

DAY · 05

TRACK 05

023

fáng

부수: 户 집
'户'는 집이나 건물(房)에 많이 쓰이는 부수예요.

명 ❶ 방
❷ 집, 건물

我把**房**间打扫得很干净。 →명사1 용법
Wǒ bǎ fángjiān dǎsǎo de hěn gānjìng.
나는 방을 깨끗하게 청소했다.

» 打扫 dǎsǎo 동 청소하다 | 干净 gānjìng 형 깨끗하다

➕ **房**间 fángjiān 명 방 | **房**子 fángzi 명 집, 건물 | **房**东 fángdōng
　명 집주인 | **房**地产 fángdìchǎn 명 부동산 | 厨**房** chúfáng
　명 주방, 부엌

024

guǎn

饣(食) 밥 + 官 관료
밥(饣)을 먹고 관료(官)들이 쉬는 장소로 ~관(馆)이 많죠.

명 ~관[호텔, 식당, 도서관 등 장소에 쓰임]

我每天都去图书**馆**学习汉语。
Wǒ měitiān dōu qù túshūguǎn xuéxí Hànyǔ.
나는 매일 도서관에 가서 중국어를 공부한다.

» 每天 měitiān 명 매일 | 都 dōu 부 모두, 다 | 学习 xuéxí 동 공부하다

➕ 宾**馆** bīnguǎn 명 호텔 | 饭**馆** fànguǎn 명 식당 | 图书**馆**
　túshūguǎn 명 도서관 | 大使**馆** dàshǐguǎn 명 대사관 ▶ p.116 |
　博物**馆** bówùguǎn 명 박물관 | 展览**馆** zhǎnlǎnguǎn 명 전
　시관 | 茶**馆** cháguǎn 명 (옛날 중국의) 찻집

025

贵
guì

부수: 贝(貝) 조개
옛날에는 조개(贝)를 굉장히 귀하게(贵) 여겼어요.

형 ❶ (값이) 비싸다[↔便宜 piányi ▶ p.103], 귀하다
❷ [상대방과 관련 있는 사물을 높여 부르는 말]

这双鞋太贵了，我买不起。
Zhè shuāng xié tài guì le, wǒ mǎi bu qǐ.
이 신발은 너무 비싸서 나는 살 수 없다.

» 双 shuāng 양 쌍, 켤레[쌍을 이루는 물건을 셀 때 쓰임] | ……不起 ……
bu qǐ ~할 수 없다

✚ 贵重品 guìzhòngpǐn 명 귀중품 | 贵姓 guìxìng 명 (상대방의) 성(씨)

026

国
guó

口 에워싸다 + 玉 옥
에워싸고(口) 옥(玉)을 강탈해 가면 나쁜 국가(国)죠.

명 국가, 나라

你是韩国人吗? 당신은 한국 사람인가요?
Nǐ shì Hánguórén ma?

 Tip '国'로 끝나는 나라 이름

韩国 Hánguó 고유 한국 | 中国 Zhōngguó 고유 중국 | 美国 Měiguó 고유 미국 | 英国 Yīngguó 고유 영국 | 法国 Fǎguó 고유 프랑스 | 德国 Déguó 고유 독일

✚ 国家 guójiā 명 국가, 나라 | 国际 guójì 명형 국제(의) | 国内 guónèi 명 국내 | 国外 guówài 명 국외, 해외 | 外国 wàiguó 명 외국 | 出国 chūguó 동 출국하다 | 回国 huíguó 동 귀국하다

027

果
guǒ

田 밭 + 木 나무
밭(田)에 나무(木)를 심으면 열매(果)가 열려요.

명 ❶ 과일, 열매
　　❷ (일의) 결말, 결과

我的儿子不喜欢吃水果。→ 명사1 용법
Wǒ de érzi bù xǐhuan chī shuǐguǒ.
내 아들은 과일 먹는 것을 좋아하지 않는다.

》儿子 érzi 명 아들

➕ 水果 shuǐguǒ 명 과일 | 苹果 píngguǒ 명 사과 | 果汁 guǒzhī 명 과일 주스 | 如果 rúguǒ 접 만일, 만약 | 结果 jiéguǒ 명 결과

028

好
hǎo / hào

女 여자 + 子 남자
여자(女)와 남자(子)가 만나서 좋아요(好).

hǎo 형 좋다
hào 동 (~하기를) 좋아하다

这次考试，弟弟考得很好。→ 형용사 용법
Zhè cì kǎoshì, dìdi kǎo de hěn hǎo.
남동생은 이번 시험을 잘 봤다.

》考试 kǎoshì 명동 시험(을 보다) | 弟弟 dìdi 명 남동생 | 考 kǎo 동 시험을 보다

> **Tip** 형용사 앞에 습관적으로 붙이는 '很'
>
> 형용사 '好' 앞에는 일반적으로 부사 '很'이 붙습니다. 이때 '很'은 '매우, 아주'라는 정도를 나타내기보다 습관적으로 붙은 것일 확률이 높습니다. 그러니 중국인에게 '你汉语说得很好。Nǐ Hànyǔ shuō de hěn hǎo. 중국어 잘하시네요.'라는 말을 듣더라도 '나 중국어 너무너무 잘하나 봐!'라는 착각(?)은 금물!

✚ **好**吃 hǎochī 형 맛있다 | **好**看 hǎokàn 형 보기 좋다, 아름답다, (내용이) 재미있다 | **好**听 hǎotīng 형 (소리가) 듣기 좋다 | **好**事 hǎoshì 명 좋은 일, 경사 | **好**处 hǎochu 명 이로운 점, 장점 | 爱**好** àihào 명 취미 | **好**动 hàodòng 동 움직이기 좋아하다

029

号
hào

번체자 號의 号만 빌려다 쓴 글자

명 ❶ (날짜의) 일
❷ (차례나 순번을 표시하는) 번호
❸ 호(수), 사이즈

你的生日是几月几**号**? →명사1 용법
Nǐ de shēngrì shì jǐ yuè jǐ hào?
생일이 몇 월 며칠인가요?

» 生日 shēngrì 명 생일 | 几 jǐ 대 몇 | 月 yuè 명 달, 월

你住在几**号**房间? →명사2 용법
Nǐ zhù zài jǐ hào fángjiān?
몇 호에 묵으시나요?

» 住 zhù 동 숙박하다, 묵다 | 在 zài 개 ~에서

✚ **号**码 hàomǎ 명 번호, 숫자 | 房间**号**码 fángjiān hàomǎ 명 방 번호 | 电话**号**码 diànhuà hàomǎ 명 전화번호 | 手机**号**码 shǒujī hàomǎ 명 휴대전화 번호

030

喝
hē

口 입 + 曷 무엇
입(口)으로 무엇(曷)을 마실까(喝)?

동 마시다

CHAPTER 2 기초 글자 익히기 ★ 51

我喜欢早上喝一杯咖啡。
Wǒ xǐhuan zǎoshang hē yì bēi kāfēi.
나는 아침에 커피 한 잔 마시는 것을 좋아한다.

> **Tip** 동사 '喝'와 함께 쓸 수 있는 목적어
>
> 동사 '喝'는 차, 주스 등 음료와 국 등을 나타내는 명사와 함께 쓰입니다.
> 喝茶 hē chá 차를 마시다 | 喝果汁 hē guǒzhī 과일 주스를 마시다 | 喝咖啡 hē kāfēi 커피를 마시다 | 喝可乐 hē kělè 콜라를 마시다 | 喝啤酒 hē píjiǔ 맥주를 마시다 | 喝牛奶 hē niúnǎi 우유를 마시다 | 喝酸奶 hē suānnǎi 요구르트를 마시다 | 喝汤 hē tāng 국을 마시다 | 喝粥 hē zhōu 죽을 먹다

031

花
huā

艹 풀+化 되다
풀(艹)이 자라서 되는(化) 것은 예쁜 꽃(花)이에요.

명 꽃
동 (돈이나 시간을) 쓰다, 소비하다

这朵花很香。 →명사 용법
Zhè duǒ huā hěn xiāng.
이 꽃은 매우 향기롭다.

》 朵 duǒ 양 송이[꽃을 셀 때 쓰임] | 香 xiāng 형 향기롭다

我花两千元买了一台电脑。 →동사 용법
Wǒ huā liǎngqiān yuán mǎile yì tái diànnǎo.
나는 2,000위앤을 써서 컴퓨터 한 대를 샀다.

》 两 liǎng 수 2, 둘 | 千 qiān 수 1,000 | 元 yuán 명 위앤[중국 화폐 단위] | 台 tái 양 대[기계, 설비 등을 셀 때 쓰임] | 电脑 diànnǎo 명 컴퓨터

花时间 시간을 들이다   花钱 돈을 쓰다
huā shíjiān   huā qián

》 时间 shíjiān 명 시간 | 钱 qián 명 돈, 화폐

✚ 花园 huāyuán 명 화원 | 花瓶 huāpíng 명 꽃병 | 花盆 huāpén 명 화분 | 花粉 huāfěn 명 꽃가루 | 开花 kāihuā 동 꽃이 피다

032

huà

부수: 田 밭
옛날 옛적에는 종이가 없어서 밭(田)에 그림을 그렸어요(画).

동 (그림을) 그리다
명 그림[주로 '画儿 huàr' 형태로 쓰임]

姐姐画了一张山水画。
Jiějie huàle yì zhāng shānshuǐhuà.
언니[누나]는 산수화 한 장을 그렸다.

» 姐姐 jiějie 명 언니, 누나 | 张 zhāng 양 장[종이를 셀 때 쓰임] | 山水画 shānshuǐhuà 명 산수화

画画儿 그림을 그리다
huà huàr

✚ 画家 huàjiā 명 화가 | 画展 huàzhǎn 명 그림 전시회 | 图画 túhuà 명 그림 | 绘画 huìhuà 명 (미술에서의) 회화, 그림 | 动画 dònghuà 명 만화 영화, 애니메이션 | 漫画 mànhuà 명 만화 | 油画 yóuhuà 명 유화

033

huàn

扌(手) 손+奂 크다, 성대하다
손(扌)으로 큰(奂) 물건을 교환해요(换).

동 바꾸다, 교환하다

CHAPTER 2 기초 글자 익히기 ★ 53

这个房间太小了，我想换一个大一点儿的。
Zhège fángjiān tài xiǎo le, wǒ xiǎng huàn yí ge dà yìdiǎnr de.
이 방은 너무 작아서 좀 큰 방으로 바꾸고 싶습니다.

» 小 xiǎo 혱 작다 | 一点(儿) yìdiǎnr 주량 조금, 약간

换发型 헤어스타일을 바꾸다
huàn fàxíng

» 发型 fàxíng 명 헤어스타일

换工作 일자리를 바꾸다, 직업을 바꾸다
huàn gōngzuò

» 工作 gōngzuò 명 일자리, 직업

✚ **换钱** huànqián 동 환전하다 | **换乘** huànchéng 동 차를 갈아 타다, 환승하다

DAY · 06 TRACK 06

034

家
jiā

宀 집 + 豕 돼지
집(宀)에 돼지(豕)가 많으면 가정(家)이 화목해요.

⑲ ❶ 집, 가정
    ❷ [어떤 신분을 지닌 사람을 가리킴]
⑲ [집, 점포, 공장 등을 셀 때 쓰임]

我的**家**在首尔。 →명사1 용법
Wǒ de jiā zài Shǒu'ěr.
우리 집은 서울에 있다.

» 在 zài 图 ~에 있다 | 首尔 Shǒu'ěr 고유 서울

> **Tip** 양사 '家'와 '所 suǒ'
> '家'와 '所'는 모두 집이나 건물을 셀 때 쓰는 양사입니다. 단, 이익을 추구하는 회사 등을 셀 때는 '家'를, 공익적인 성격의 학교, 병원 등을 셀 때는 '所'를 사용한다는 차이점이 있습니다.
> 一**家**公司 yì jiā gōngsī 한 회사 | 一**所**学校 yì suǒ xuéxiào 한 학교

✚ **家**人 jiārén ⑲ 가족, 한 집안 식구 | **家**长 jiāzhǎng ⑲ 학부모 | **家**电 jiādiàn ⑲ 가전제품 | **家**具 jiājù ⑲ 가구 | **家**庭 jiātíng ⑲ 가정 | 大**家** dàjiā ⑪ 모두 ▶ p.116 | 国**家** guójiā ⑲ 국가

035

讲
jiǎng

讠(言) 말씀 + 井 우물
어른들은 말씀(讠)하실 때 우물(井)처럼 깊이 있게 이야기하시죠(讲).

⑤ 말하다, 이야기하다

CHAPTER 2 기초 글자 익히기 ★ 55

昨天老师**讲**了一个很有意思的故事。
Zuótiān lǎoshī jiǎngle yí ge hěn yǒu yìsi de gùshi.
어제 선생님께서 아주 재미있는 이야기를 해 주셨다.

» 有意思 yǒu yìsi 재미있다 | 故事 gùshi 명 이야기

讲故事 이야기를 하다
jiǎng gùshi

+ **讲**课 jiǎngkè 동 강의하다, 수업하다 | **讲**话 jiǎnghuà 동 말하다, 발언하다

036

教
jiāo / jiào

孝 효도 + 攵 치다
부모에게 효도(孝)하지 않는 자식은 회초리를 쳐서라도(攵) 가르쳐야(教) 해요.

jiāo 동 가르치다[단독으로 쓰일 경우에는 제1성으로 발음함]
jiào 동 가르치다[2음절 이상의 단어를 구성할 때는 제4성으로 발음함]

这是**教**我们汉语的王老师。 제1성으로 발음
Zhè shì jiāo wǒmen Hànyǔ de Wáng lǎoshī.
이쪽은 우리에게 중국어를 가르쳐 주시는 왕 선생님이에요.

> **Tip** 목적어 두 개를 수반하는 '教 jiāo'
>
> '教'는 1음절 동사로 쓰일 때 제1성으로 발음하며, '教+A+B' 형태로 뒤에 '~에게'에 해당하는 간접목적어(A)와 '~를'에 해당하는 직접목적어(B)를 수반합니다.
>
> 예 李老师**教**我们数学。
> 　　Lǐ lǎoshī jiāo wǒmen shùxué.
> 　　리 선생님은 우리에게 수학을 가르치십니다.

+ **教**室 jiàoshì 명 교실 | **教**授 jiàoshòu 명 교수 | **教**育 jiàoyù 명동 교육(하다) | **教**练 jiàoliàn 명 감독, 코치(coach)

脚
jiǎo

月 달 + 却 후퇴하다
달(月)밤에 후퇴할(却) 때는 발(脚)걸음이 빨라져요.

명 발

这双鞋太小了，所以我的脚很疼。
Zhè shuāng xié tài xiǎo le, suǒyǐ wǒ de jiǎo hěn téng.
이 신발은 너무 작아서 발이 아파요.

» 所以 suǒyǐ 접 그래서 | 疼 téng 형 아프다

> **Tip** '肉' p.78의 변형 부수 '月'
> '月(달 월)'은 '고기, 살, 몸'을 뜻하는 부수 '肉(고기 육)'의 변형으로, 신체 관련 글자에 부수로 사용됩니다.
> 大脑 dànǎo 명 뇌, 대뇌 | 腿 tuǐ 명 다리 | 胳膊 gēbo 명 팔 | 胃 wèi 명 위 | 肩膀 jiānbǎng 명 어깨 | 脖子 bózi 명 목 | 脑子 nǎozi 명 머리, 뇌 | 心脏 xīnzàng 명 심장

叫
jiào

口 입 + 丩 얽히다
입(口)이 얽힌(丩) 채로 사람을 불러요(叫).

동 ❶ 외치다, 고함치다
　　❷ 부르다
　　❸ ~하게 하다[=让 ràng]
　　❹ ~라고 부르다, ~라고 하다

刚才老师叫了我的名字。 → 동사2 용법
Gāngcái lǎoshī jiàole wǒ de míngzi.
방금 전에 선생님께서 내 이름을 부르셨다.

» 名字 míngzi 명 이름

妈妈**叫**我回家吃饭。 → 동사3 용법
Māma jiào wǒ huí jiā chīfàn.
엄마는 나에게 집에 와서 밥을 먹으라고 하셨다.

» 妈妈 māma 명 엄마 | 回 huí 동 돌아오다, 돌아가다

➕ **叫醒** jiàoxǐng 동 (불러서) 깨우다

039

jiē

扌(手)손+立 서다+女 여자
손(扌)으로 서서(立) 여자(女)아이를 받아(接) 들여요.

동 ❶ 받다, 받아들이다, 접수하다
❷ 마중하다, 맞이하다[↔送 sòng ▶ p.81]

每天下午4点，妈妈**接**孩子回家。 → 동사2 용법
Měitiān xiàwǔ sì diǎn, māma jiē háizi huí jiā.
매일 오후 네 시에 엄마는 아이를 마중해 집으로 간다.

» 下午 xiàwǔ 명 오후 | 点 diǎn 양 시 | 孩子 háizi 명 아이

接孩子 아이를 마중하다　　**接**电话 전화를 받다
jiē háizi　　　　　　　　　　jiē diànhuà

 Tip 시험에 자주 출제되는 '接'

'接'는 新HSK 듣기 영역에 '接孩子' 형태로 자주 출제됩니다.

040

jiè

亻(人) 사람+昔 옛날
사람(亻)은 옛날(昔)에 빌린(借) 돈을 잘 안 갚아요.

동 ❶ 빌리다, 빌려주다[↔还 huán]
❷ 핑계를 대다

这是你上周借给我的200元，谢谢。 → 동사1 용법
Zhè shì nǐ shàngzhōu jiè gěi wǒ de liǎngbǎi yuán, xièxie.
이것은 당신이 지난주에 내게 빌려준 200위앤이에요. 고마워요.

» 上周 shàngzhōu 명 지난주 | 给 gěi 개 ~에게

借书 책을 빌리다   **借钱** 돈을 빌리다
jiè shū   jiè qián

> **Tip** '~에게 빌리다'와 '~에게 빌려주다'
>
> '~에게 빌리다'는 '~에게, ~를 향하여'라는 뜻의 개사 '向 xiàng'을 써서 '向+대상+借'로 표현할 수 있습니다. 반면 '~에게 빌려주다'는 '借给+대상'으로 표현할 수 있습니다.

➕ 借口 jièkǒu 명동 핑계(를 대다), 구실(로 삼다)

041

近
jìn

辶 가다 + 斤 도끼
도끼(斤)같이 무거운 물건을 들고 가면(辶_) 가까운(近) 곳밖에 못 가요.

형 (공간적, 시간적으로) 가깝다[↔远 yuǎn]

学校离我家很近。 학교는 우리 집에서 가깝다.
Xuéxiào lí wǒ jiā hěn jìn.

» 学校 xuéxiào 명 학교 | 离 lí 개 ~에서, ~로부터

➕ 附近 fùjìn 명 부근, 근처 | 最近 zuìjìn 명 최근, 요즘 ▶ p.221

CHAPTER 2 기초 글자 익히기 ★ 59

042

jiǔ

사람을 뒤에서 오랫동안(久) 잡아 끄는 모양을 닮은 글자

형 오래다, 시간이 길다

他有一个认识很久的朋友。
Tā yǒu yí ge rènshi hěn jiǔ de péngyou.
그는 오랫동안 알고 지낸 친구 하나가 있다.
» 认识 rènshi 동 알다

好久不见。 오래간만이에요.
Hǎojiǔ bújiàn.
» 好久 hǎojiǔ 형 (시간이) 오래다 | 不见 bújiàn 동 만나지 않다

✚ 多久 duōjiǔ 대 얼마나 오래, 얼마 동안 | 不久 bùjiǔ 형 오래되지 않다

043

jiǔ

氵(水) 물 + 酉 술을 담는 그릇
물(氵)을 술 단지(酉)에 오래 둔다고 술(酒)이 되지는 않겠죠?

명 술

我昨天酒喝多了。
Wǒ zuótiān jiǔ hēduō le.
나는 어제 술을 많이 마셨다.

倒酒 술을 따르다
dào jiǔ
» 倒 dào 동 붓다, 따르다

> **Tip** 酒逢知己千杯少 jiǔ féng zhījǐ qiān bēi shǎo
> '酒逢知己千杯少'는 '술은 지기[속마음을 알아주는 친구]를 만나 마시면 천 잔으로도 모자라다'라는 뜻의 속담입니다. 중국인들이 마음 통하는 친구와의 술자리에서 자주 인용하는 속담이니 기억해 두세요!

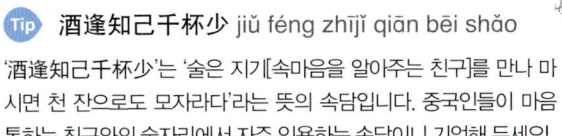

✚ **酒吧** jiǔbā 명 술집, 바(bar) | **酒鬼** jiǔguǐ 명 술고래 | **酒量** jiǔliàng 명 주량 | **酒店** jiǔdiàn 명 호텔 | **白酒** báijiǔ 고유 바이주[도수가 높고 투명한 술] | **葡萄酒** pútáojiǔ 명 포도주

044

kàn

부수: 目 눈
눈(目)이 있어야 볼(看) 수 있죠.

동 ❶ (눈으로) 보다
　❷ ~라고 보다, ~라고 여기다

你喜欢看电视还是看书? → 동사1 용법
Nǐ xǐhuan kàn diànshì háishi kàn shū?
당신은 텔레비전 보는 것을 좋아하나요 아니면 책 보는 것을 좋아하나요?

» 还是 háishi 접 또는, 아니면

看样子 / 看起来 / 看上去 보아하니 ~인 듯하다
kàn yàngzi / kàn qǐlai / kàn shàngqu

» 样子 yàngzi 명 모양, 형세

✚ **看见** kànjiàn 동 보(이)다 | **看病** kànbìng 동 (의사가) 진찰하다, (환자가) 진찰받다

SPEED CHECK

STEP 1 한국어 뜻을 보고, 그에 해당하는 중국어 단어를 말해 보세요.

- ☐ (키가) 작다, (높이, 지위, 등급 등이) 낮다
- ☐ 사랑하다, (~하기를) 좋아하다
- ☐ 옮기다, 운반하다, 이사하다
- ☐ 배부르다
- ☐ 필기도구, 펜
- ☐ 얼음, 차게 하다
- ☐ 채소, 요리, 음식
- ☐ 노래하다
- ☐ (자동차, 자전거 등) 차
- ☐ 먹다
- ☐ (옷, 신발, 양말 등을) 입다, 신다
- ☐ 틀리다, 서투르다, 나쁘다, 착오, 잘못
- ☐ (사물을) 지니다, (사람을) 인솔하다, 띠, 벨트
- ☐ 등, 램프
- ☐ 전기, 배터리
- ☐ 상점, 가게
- ☐ 알다, 이해하다
- ☐ 읽다, 낭독하다, 학교에 가다, 공부하다
- ☐ (시간이나 공간적 거리가) 짧다
- ☐ (수량이) 많다
- ☐ 배고프다
- ☐ 밥, 식사

- ☐ 방, 집, 건물
- ☐ ~관[호텔, 식당, 도서관 등 장소에 쓰임]
- ☐ (값이) 비싸다, 귀하다, [상대방과 관련 있는 사물을 높여 부르는 말]
- ☐ 국가, 나라
- ☐ 과일, 열매, (일의) 결말, 결과
- ☐ 좋다, (~하기를) 좋아하다
- ☐ (날짜의) 일, 번호, 호(수), 사이즈
- ☐ 마시다
- ☐ 꽃, (돈이나 시간을) 쓰다, 소비하다
- ☐ (그림을) 그리다, 그림
- ☐ 바꾸다, 교환하다
- ☐ 집, 가정, [집, 점포, 공장 등을 셀 때 쓰임]
- ☐ 말하다, 이야기하다
- ☐ 가르치다
- ☐ 발
- ☐ 외치다, 부르다, ~하게 하다, ~라고 부르다
- ☐ 받다, 받아들이다, 접수하다, 마중하다
- ☐ 빌리다, 빌려주다, 핑계를 대다
- ☐ (공간적, 시간적으로) 가깝다
- ☐ 오래다, 시간이 길다
- ☐ 술
- ☐ (눈으로) 보다, ~라고 보다, ~라고 여기다

SPEED CHECK

STEP 2 중국어 단어를 보고, 그에 해당하는 한국어 뜻을 말해 보세요.

- ☐ 矮 ǎi
- ☐ 爱 ài
- ☐ 搬 bān
- ☐ 饱 bǎo
- ☐ 笔 bǐ
- ☐ 冰 bīng
- ☐ 菜 cài
- ☐ 唱 chàng
- ☐ 车 chē
- ☐ 吃 chī
- ☐ 穿 chuān
- ☐ 错 cuò
- ☐ 带 dài
- ☐ 灯 dēng
- ☐ 电 diàn
- ☐ 店 diàn
- ☐ 懂 dǒng
- ☐ 读 dú
- ☐ 短 duǎn
- ☐ 多 duō
- ☐ 饿 è
- ☐ 饭 fàn

- ☐ 房 fáng
- ☐ 馆 guǎn
- ☐ 贵 guì
- ☐ 国 guó
- ☐ 果 guǒ
- ☐ 好 hǎo / hào
- ☐ 号 hào
- ☐ 喝 hē
- ☐ 花 huā
- ☐ 画 huà
- ☐ 换 huàn
- ☐ 家 jiā
- ☐ 讲 jiǎng
- ☐ 教 jiāo / jiào
- ☐ 脚 jiǎo
- ☐ 叫 jiào
- ☐ 接 jiē
- ☐ 借 jiè
- ☐ 近 jìn
- ☐ 久 jiǔ
- ☐ 酒 jiǔ
- ☐ 看 kàn

DAY 07

TRACK 07

045

口
kǒu

口 입 모양을 본뜬 글자

명 ❶ 입
　 ❷ 출입구
양 사람, 마리[사람이나 가축을 셀 때 쓰임]

我口渴了，这儿有什么喝的？ →명사1 용법
Wǒ kǒu kě le, zhèr yǒu shénme hē de?
목이 말라요. 여기 마실 것이 뭐가 있나요?
» 渴 kě 형 목이 마르다, 갈증 나다 | 这儿 zhèr 대 여기, 이곳

我家有四口人，爸爸、妈妈、弟弟和我。
Wǒ jiā yǒu sì kǒu rén, bàba, māma, dìdi hé wǒ.
우리 가족은 아빠, 엄마, 남동생과 저, 넷입니다. →양사 용법
» 和 hé 접 ~와

✚ 口袋 kǒudai 명 호주머니 | 口红 kǒuhóng 명 립스틱 | 门口 ménkǒu 명 입구, 현관 | 入口 rùkǒu 명 입구 | 出口 chūkǒu 명 출구 동 수출하다 | 进口 jìnkǒu 동 수입하다 | 人口 rénkǒu 명 인구

046

哭
kū

口 입 + 口 입 + 犬 개
입(口)을 벌리고 입(口)을 또 벌려서 개(犬)가 울고(哭)있어요.

동 울다[↔笑 xiào ▶ p.84]

64

女儿大声地哭了起来。
Nǚ'ér dàshēng de kūle qǐlai.
딸은 큰 소리로 울기 시작했다.

» 女儿 nǚ'ér 명 딸 | 大声 dàshēng 명 큰 소리 | 起来 qǐlai 동 [보어로 쓰여 동작이 시작됨을 나타냄]

047

快
kuài

忄(心) 마음 + 夬 터놓다
친구에게 마음(忄)을 터놓으면(夬) 유쾌하고 즐겁죠(快). 즐거우니 걸음도 빨라져요(快).

형 ❶ 빠르다[↔慢 màn ▶ p.68]
　　❷ 유쾌하다, 즐겁다
부 ❶ 빨리
　　❷ 곧[주로 '快……了' 형식으로 쓰임]

小王跑得最快。 → 형용사1 용법
Xiǎo Wáng pǎo de zuì kuài.
샤오왕이 가장 빨리 달린다.

» 跑 pǎo 동 달리다 | 得 de 조 [동사나 형용사 뒤에 쓰여 보어와 연결시킴]

快过年了。 → 부사2 용법
Kuài guònián le.
곧 설이다.

» 过年 guònián 동 설을 쇠다, 새해를 맞다

➕ 快餐 kuàicān 명 패스트푸드 | 快递 kuàidì 명 특급 우편, 택배 | 特快 tèkuài 명 특급열차['特别快车 tèbié kuàichē'의 준말] 형 특별히 빠르다 | 快乐 kuàilè 형 즐겁다, 유쾌하다 | 愉快 yúkuài 형 유쾌하다, 즐겁다 | 凉快 liángkuai 형 시원하다, 상쾌하다

048

lǎo

老 머리카락이 길고 허리가 굽은 노인이 지팡이를 짚고 서 있는 모양을 본뜬 글자

형 ❶ 늙다[↔年轻 niánqīng ▶ p.165]
❷ 오래되다
❸ 원래의, 본래의

他长得不太老。 →형용사1 용법
Tā zhǎng de bú tài lǎo.
그는 별로 나이 들어 보이지 않는다.

» 长 zhǎng 동 자라다, 생기다

小张是我的老朋友。 →형용사2 용법
Xiǎo Zhāng shì wǒ de lǎo péngyou.
샤오장은 나의 오랜 친구다.

老样子 옛 모습, 옛 모양
lǎo yàngzi

» 样子 yàngzi 명 모습, 모양

> **Tip** 접두사로도 쓰이는 '老'
>
> '老'는 일부 동식물 이름에 접두사로 쓰이기도 합니다.
> 老虎 lǎohǔ 명 호랑이 | 老鼠 lǎoshǔ 명 쥐 | 老玉米 lǎoyùmǐ 명 옥수수

✚ 老师 lǎoshī 명 선생님 | 老人 lǎorén 명 노인

049

lèi

田 밭 + 系 실
밭(田)에서 실(系)을 묶으려니 피곤하네요(累).

형 지치다, 피곤하다

66

走了三个小时的路，我很累。
Zǒule sān ge xiǎoshí de lù, wǒ hěn lèi.
세 시간 동안 걸었더니 피곤하다.

» 走路 zǒulù 동 (길을) 걷다 | 小时 xiǎoshí 명 시간

走累 (많이) 걸어서 지치다
zǒulèi

有点儿累 좀 피곤하다
yǒudiǎnr lèi

» 有点儿 yǒudiǎnr 부 조금, 약간

050

冷
lěng

〉 얼음 + 令 명령하다
얼음(〉)을 깨라는 명령(令)을 받고 갔더니 너무 추워요(冷).

형 춥다, 차다

今天的天气很冷，你要多穿一点。
Jīntiān de tiānqì hěn lěng, nǐ yào duō chuān yìdiǎn.
오늘은 날씨가 추우니 옷을 좀 껴입어야 할 거야.

» 天气 tiānqì 명 날씨

➕ 冷面 lěngmiàn 명 냉면 | 冷水 lěngshuǐ 명 냉수, 찬물

051

亮
liàng

亠 돼지머리 + 口 입 + 冖 덮다 + 几 몇
돼지머리(亠)의 입(口)을 천으로 덮고(冖) 몇(几) 배로 행복하게 해 달라고 밝은(亮) 달에게 빌어요.

형 (빛이) 밝다

这个灯特别亮。 이 등은 아주 밝다.
Zhège dēng tèbié liàng.

» 特别 tèbié 부 특히, 아주

+ 漂亮 piàoliang 형 예쁘다, 아름답다, 멋지다 | 月亮 yuèliang 명 달 | 明亮 míngliàng 형 (빛이) 밝다, 환하다 | 天亮 tiānliàng 동 날이 밝다

052

买 mǎi

買(살 매)의 간체자

동 사다[↔卖 mài]

弟弟在超市买了一个大西瓜。
Dìdi zài chāoshì mǎile yí ge dà xīguā.
남동생은 슈퍼마켓에서 큰 수박을 하나 샀다.

» 超市 chāoshì 명 슈퍼마켓 | 西瓜 xīguā 명 수박

买东西 물건을 사다
mǎi dōngxi

» 东西 dōngxi 명 물건

+ 买单 mǎidān 동 계산하다, 지불하다 | 买卖 mǎimai 명 장사, 매매 | 购买 gòumǎi 동 구매하다

053

慢 màn

忄(心) 마음+曼 길게 늘이다
마음(忄)가짐을 길게 늘어뜨려서(曼) 뭐든 천천히(慢), 꾸준히 하는 것이 중요해요.

형 느리다[↔快 kuài ▶ p.65]

爷爷走路非常慢。 할아버지는 걸음이 매우 느리다.
Yéye zǒulù fēicháng màn.

» 爷爷 yéye 명 할아버지 | 非常 fēicháng 부 대단히, 매우, 아주

+ 慢跑 mànpǎo 명 조깅, 천천히 달리기

054

měi

羊 양+大 크다
양(羊)은 큰(大) 것이 아름답다(美)고 해요.

형 아름답다, 예쁘다

这儿是一个很美的地方。 이곳은 아름다운 곳이다.
Zhèr shì yí ge hěn měi de dìfang.

» 地方 dìfang 명 장소, 곳

➕ 美丽 měilì 형 아름답다, 예쁘다 | 美女 měinǚ 명 미녀, 미인 | 美术 měishù 명 미술

DAY 07

055

mén

门(門) 문의 모양을 본뜬 글자

명 문
양 과목, 가지[과목을 셀 때 쓰임]

我家门口有一辆自行车。 →명사 용법
Wǒ jiā ménkǒu yǒu yí liàng zìxíngchē.
우리 집 문 앞에 자전거 한 대가 있다.

» 辆 liàng 양 대, 량[차량을 셀 때 쓰임] | 自行车 zìxíngchē 명 자전거

小张会说一门外语。 →양사 용법
Xiǎo Zhāng huì shuō yì mén wàiyǔ.
샤오장은 외국어 한 가지를 할 줄 안다.

» 会 huì 조동 ~할 줄 안다 | 外语 wàiyǔ 명 외국어

开门 문을 열다   关门 문을 닫다
kāi mén   guān mén

» 开 kāi 동 열다 | 关 guān 동 닫다

➕ 门铃 ménlíng 명 초인종 | 门票 ménpiào 명 입장권 | 门口 ménkǒu 명 입구, 현관

CHAPTER 2 기초 글자 익히기 ★ 69

ná

合 합하다 + 手 손
손(手)을 합해서(合) 물건을 잡아요(拿).

동 ❶ (손으로) 잡다, 쥐다 [↔放 fàng ▶ p.127]
　　❷ (생각, 방법 등을) 내놓다
개 ~를 가지고

他手里拿着一本书。 → 동사1 용법
Tā shǒu li názhe yì běn shū.
그는 손에 책 한 권을 들고 있다.

» 手 shǒu 명 손 | 着 zhe 조 ~하고 있다[동사 뒤에 위치해 동작이 진행 중임을 나타냄] | 本 běn 양 권[책을 셀 때 쓰임]

拿主意 (일을 처리할) 방법이나 생각을 정하다, 아이디어를 내다
ná zhǔyi

» 主意 zhǔyi 명 생각, 방법, 아이디어

拿……来说 ~를 가지고 말하자면
ná……lái shuō

DAY · 08   TRACK 08

057

难
nán

又 오른손 모양 + 隹 새
오른손(又)으로 새(隹)를 잡으려면 어렵죠(难).

[형] ❶ 어렵다, 힘들다
　　❷ 좋지 않다, 나쁘다

汉语一点儿也不难。 ↝ 형용사1 용법
Hànyǔ yìdiǎnr yě bù nán.
중국어는 조금도 어렵지 않다.

» 一点儿也不…… yìdiǎnr yě bù…… 조금도 ~하지 않다

✚ 难过 nánguò [형] (마음이) 괴롭다, 고통스럽다 | 难题 nántí [명] 난제, 풀기 어려운 문제 | 难吃 nánchī [형] 맛이 없다 | 难看 nánkàn [형] 못생기다, 보기 싫다 | 难听 nántīng [형] 듣기 싫다

058

鸟
niǎo

鸟(鳥) 새의 모양을 본뜬 글자

[명] 새

公园里有很多小鸟。 공원 안에 작은 새들이 많이 있다.
Gōngyuán li yǒu hěn duō xiǎo niǎo.

» 公园 gōngyuán [명] 공원

> **Tip** 새와 관련된 글자에 많이 쓰이는 '鸟'
> '鸟'가 쓰인 글자나 단어는 대부분 '새'와 관련이 있습니다.
> 鸭子 yāzi [명] 오리 | 鸽子 gēzi [명] 비둘기 | 候鸟 hòuniǎo [명] 철새

CHAPTER 2 기초 글자 익히기 ★ 71

胖 pàng

月 달+半 반(1/2)
달(月)이 반(半)이 되듯 살을 빼는 것이 뚱뚱한(胖) 사람의 운명이죠.

형 뚱뚱하다, 살찌다[↔瘦 shòu]

妈妈最近变胖了。 엄마는 최근에 뚱뚱해지셨다.
Māma zuìjìn biànpàng le.

» 变 biàn 통 변하다

➕ 胖子 pàngzi 명 뚱보 | 胖乎乎 pànghūhū 형 포동포동하다 | 发胖 fāpàng 통 살찌다, 뚱뚱해지다

> **Tip** 형용사 중첩
> 형용사에는 '胖乎乎'와 같이 'ABB' 형태로 중첩된 것이 있습니다. 어렵게 느껴지지만, '형용사 중첩=很+형용사'라고 기억해 두면 쉽습니다. 다시 말해 '胖乎乎'는 '很胖'의 의미로 이해할 수 있는 것이지요.

跑 pǎo

足 발+包 보따리
보따리(包)를 들고 발(足)로 뛰어요(跑).

동 달리다, 뛰다

爸爸喜欢跑步。 아빠는 달리기를 좋아하신다.
Bàba xǐhuan pǎobù.

➕ 跑步 pǎobù 통 달리다 | 长跑 chángpǎo 명 장거리 경주 | 短跑 duǎnpǎo 명 단거리 경주 | 赛跑 sàipǎo 명통 달리기 경주(를 하다)

票 piào

覀 서쪽 + 示 보이다
서쪽(覀)에 표지판이 보이는(示) 곳에서 표(票)를 검사해요.

명 표, 티켓

我买了两张今天的电影票，我们一起去看吧。
Wǒ mǎile liǎng zhāng jīntiān de diànyǐngpiào, wǒmen yìqǐ qù kàn ba.
내가 오늘 자 영화표를 두 장 샀는데, 우리 같이 보러 가자.

» 电影 diànyǐng 명 영화 | 一起 yìqǐ 부 같이 | 吧 ba 조 [문장 끝에 쓰여 제의, 청유, 명령을 나타냄]

> **Tip** 각종 '票'
>
> 电影票 diànyǐngpiào 명 영화표 | 火车票 huǒchēpiào 명 기차표 | 机票 jīpiào 명 비행기 표 | 车票 chēpiào 명 차표 | 邮票 yóupiào 명 우표 | 门票 ménpiào 명 입장권 | 发票 fāpiào 명 영수증 | 股票 gǔpiào 명 주식

➕ 退票 tuìpiào 동 표를 환불하다

骑 qí

马 말 + 奇 기이하다
말(马) 탈 때는 기이하게도(奇) 가랑이를 벌리고 타요(骑).

동 (자전거나 말 등을) 타다

我们明天一起去公园骑自行车吧!
Wǒmen míngtiān yìqǐ qù gōngyuán qí zìxíngchē ba!
우리 내일 같이 공원에 자전거 타러 가자!

» 明天 míngtiān 명 내일

骑马 骑自行车 / 骑车 骑摩托车
qí mǎ qí zìxíngchē / qí chē qí mótuōchē
말을 타다 자전거를 타다 오토바이를 타다

» 马 mǎ 명 말 | 摩托车 mótuōchē 명 오토바이

> **Tip** 자전거를 타다
> 자전거, 오토바이 등 말을 타듯이 '가랑이를 벌리고 타는' 교통수단에는 동사 '骑'를 사용합니다. 따라서 '자전거를 타다'는 '骑自行车', 줄여서 '骑车'라고 표현할 수 있습니다.

063

钱
qián

金(金) 쇠 + 戋 적다
쇠(钅)가 적어도(戋) 모으면 돈(钱)이 돼요.

명 돈, 화폐

昨天我花了很多钱。 어제 나는 돈을 많이 썼다.
Zuótiān wǒ huāle hěn duō qián.

» 花 huā 동 (돈이나 시간을) 쓰다

花钱 돈을 쓰다
huā qián

> **Tip** '돈'을 뜻하는 또 다른 글자 '款'
> '钱'의 문어체 표현으로 '款 kuǎn'이 있어요. '款'은 어쩐지 복잡하고 어려워 잘 쓰지 않을 것 같지만, 실제 중국 은행에 가면 쉽게 볼 수 있습니다. '현금자동인출기(ATM)'도 '自动取款机 zìdòng qǔkuǎnjī'라고 하죠.

✚ 钱包 qiánbāo 명 지갑 | 存钱 cúnqián 동 저금하다 | 取钱 qǔqián 동 인출하다, 돈을 찾다 | 找钱 zhǎoqián 동 돈을 거슬러 주다 | 挣钱 zhèngqián 赚钱 zhuànqián 동 돈을 벌다 | 零钱 língqián 명 잔돈

064

晴
qíng

日 날 + **青** 푸르다
날(日)이 푸르면(青) 맑은(晴) 날이죠.

형 (하늘이) 맑다 [↔阴 yīn]

明天天气怎么样？是晴天吗？
Míngtiān tiānqì zěnmeyàng? Shì qíngtiān ma?
내일 날씨가 어때? 맑은 날씨야?

» 怎么样 zěnmeyàng 대 어떠하다 [주로 의문문에 쓰임]

➕ **晴天** qíngtiān 명 맑은 날씨

> **Tip** 자주 쓰이는 '날씨' 관련 단어
> '맑은 날씨(晴天)'와 '흐린 날씨(阴天 yīntiān)'는 평소에 자주 쓰는 일상 어휘들이므로 잘 기억해 둡시다.

065

请
qǐng

讠(言) 말씀 + **青** 푸르다
말(讠)을 청(青)산유수처럼 하며 부탁하면(请) 들어줄 수 밖에요.

동 ❶ 청하다, 부탁하다
　　❷ 초청하다, 초빙하다

请帮我拿一杯水。 → 동사1 용법
Qǐng bāng wǒ ná yì bēi shuǐ.
제게 물을 한 잔 가져다주세요.

我想请小王参加我的生日晚会。 → 동사2 용법
Wǒ xiǎng qǐng Xiǎo Wáng cānjiā wǒ de shēngrì wǎnhuì.
나는 샤오왕을 내 생일 파티에 오라고 초청하고 싶다.

» 参加 cānjiā 동 참가하다 | 生日晚会 shēngrì wǎnhuì 명 생일 파티

CHAPTER 2 기초 글자 익히기 ★ 75

请坐。 앉으세요.
Qǐng zuò.

» 坐 zuò 동 앉다

> **Tip** '~해 주세요'하고 요청·부탁할 때 쓰는 '请'
>
> '请'은 주로 '请你……', '请帮我……'의 형태로 쓰여 '~해 주세요'라는 요청·부탁의 말을 완성합니다.

✚ 请问 qǐngwèn 말씀 좀 묻겠습니다 | 请假 qǐngjià 동 휴가를 신청하다, 휴가를 내다 | 请客 qǐngkè 동 초대하다, 한턱내다

066

球
qiú

> 王 임금 + 求 구하다
> 임금(王)이 부탁해서(求) 찾아온 것이 바로 공(球)이었어요.

명 공, 볼

我的爱好是踢足球。 나의 취미는 축구를 하는 것이다.
Wǒ de àihào shì tī zúqiú.

» 爱好 àihào 명 취미 | 踢 tī 동 (발로) 차다 | 足球 zúqiú 명 축구(공)

> **Tip** '球'로 끝나는 구기 종목
>
> '球'는 공을 이용하는 운동 즉, 구기 종목을 나타내는 단어에 많이 쓰입니다. 축구, 탁구 등 각 종목마다 함께 쓰는 동사가 다르니 세트로 익혀 두면 유용합니다. 일반적으로 '손'을 쓰는 종목에는 '打 dǎ ▶ p.113', '발'을 쓰는 종목에는 '踢 tī'를 써요.
>
> 踢足球 tī zúqiú 축구를 하다 | 打篮球 dǎ lánqiú 농구를 하다 ▶ p.114 | 打网球 dǎ wǎngqiú 테니스를 하다 | 打羽毛球 dǎ yǔmáoqiú 배드민턴을 하다 | 打棒球 dǎ bàngqiú 야구를 하다 | 打排球 dǎ páiqiú 배구를 하다 | 打乒乓球 dǎ pīngpāngqiú 탁구를 하다

qù

土 흙 +厶 나
흙(土)을 밟으며 나(厶)에게서 그가 멀리 갔어요(去).

图 ❶ 가다[↔来 lái]
❷ 떠나다

我想去洗手间，你等我一下。 동사1 용법
Wǒ xiǎng qù xǐshǒujiān, nǐ děng wǒ yíxià.
화장실에 가고 싶어요. 좀 기다려 주세요.

» 洗手间 xǐshǒujiān 명 화장실 | 等 děng 동 기다리다 | 一下 yíxià 수량 좀 ~하다[동사 뒤에 쓰임]

> **Tip** '~에 가서 ~하다' 혹은 '~하러 ~에 가다'
>
> '去'는 '去中国玩儿 qù Zhōngguó wánr 중국에 놀러 가다', '去超市买东西 qù chāoshì mǎi dōngxi 슈퍼마켓에 물건을 사러 가다'처럼 '去+장소+동사(+목적어)'의 형태로 많이 사용됩니다.

➕ 去年 qùnián 명 작년 | 过去 guòqù 명 과거 guòqu 동 지나(가)다

DAY · 09   TRACK 09

068

肉
ròu

> ⌐ 멀다+人 사람+人 사람
> 멀리(⌐)서도 사람들(人)이 오는 이유는 고기(肉) 맛이 좋아서죠.

명 고기

妈妈特别喜欢吃肉。
Māma tèbié xǐhuan chī ròu.
엄마는 고기 먹는 것을 매우 좋아하신다.

> **Tip** '肉'로 끝나는 육류
> 羊肉 yángròu 명 양고기 | 牛肉 niúròu 명 소고기 | 猪肉 zhūròu 명 돼지고기 | 鸡肉 jīròu 명 닭고기 | 鱼肉 yúròu 명 어육, 생선살

069

伞
sǎn

伞(傘) 우산을 펼친 모양을 본뜬 글자

명 우산

我今天没带雨伞。   나는 오늘 우산을 챙겨 오지 못했다.
Wǒ jīntiān méi dài yǔsǎn.
» 带 dài 동 지니다, 휴대하다

打伞 우산을 쓰다
dǎ sǎn
» 打 dǎ 동 들다, 펴 들다

➕ 雨伞 yǔsǎn 명 우산 | 阳伞 yángsǎn 명 양산

070

色
sè

그림(人) 사람 + 巴 꼬리
사람(人)이 뱀 꼬리(巴)를 보면 놀래서 얼굴색(色)이 변하죠.

명 색, 색깔

中国人最喜欢红色。
Zhōngguórén zuì xǐhuan hóngsè.
중국 사람들은 빨간색을 가장 좋아한다.

» 最 zuì 부 제일, 가장

> **Tip** 다양한 '색'을 표현하는 '色'
>
> 红色 hóngsè 명 빨간색 | 绿色 lǜsè 명 녹색 | 白色 báisè
> 명 흰색 | 黑色 hēisè 명 검정색 | 黄色 huángsè 명 노란
> 색 | 蓝色 lánsè 명 파란색 | 粉色 fěnsè 명 분홍색 | 棕色
> zōngsè 명 갈색 | 灰色 huīsè 명 회색 | 紫色 zǐsè 명 보라색,
> 자색 | 金色 jīnsè 명 금색 | 银色 yínsè 명 은색

✚ 颜色 yánsè 명 색, 색깔 | 色彩 sècǎi 명 색채

071

书
shū

책장(丨丨)에 책이 꽂혀 있는 모습이 연상되지 않나요?

명 책

书桌上有两本汉语书。
Shūzhuō shang yǒu liǎng běn Hànyǔ shū.
책상 위에 중국어 책 두 권이 있다.

✚ 书桌 shūzhuō 명 책상 | 书架 shūjià 명 책장 | 书包 shūbāo
명 책가방 | 读书 dúshū 동 책을 읽다, 공부하다, 학교에 다니다 |
看书 kàn shū 책을 보다 | 图书馆 túshūguǎn 명 도서관

睡
shuì

目 눈 + 垂 늘어뜨리다
눈(目)을 늘어뜨리고(垂) 잠을 자요(睡).

⑧ (잠을) 자다

小李坐在椅子上睡着了。
Xiǎo Lǐ zuò zài yǐzi shang shuìzháo le.
샤오리는 의자에 앉아서 잠이 들었다.

» 椅子 yǐzi 명 의자 | 睡着 shuìzháo 잠들다

➕ 睡觉 shuìjiào 동 잠을 자다 | 睡眠 shuìmián 명동 수면(하다) | 睡衣 shuìyī 명 잠옷

> **Tip** '睡着'와 '睡觉'
> 보통 '잠들었다'는 동사 '睡' 뒤에 결과를 나타내는 '着 zháo'를 붙여 '睡着了'라고 표현합니다. 반면 '睡觉'는 '잠을 자다'라는 동작일 뿐, '잠들었다'와 같이 동작의 결과를 표현하지는 않습니다. 보통 '想睡觉 xiǎng shuìjiào' 형태로 '잠자고 싶다'라는 의미를 나타낼 때 사용하지요.

说
shuō

讠(言) 말씀 + 兑 바꾸다
어른들의 말씀(讠)을 돈으로 바꾼다(兑)고 말하면(说) 안 돼요.

⑧ 말하다

老师对学生说:"明天上课不要迟到。"
Lǎoshī duì xuésheng shuō: "Míngtiān shàngkè búyào chídào."
선생님이 학생에게 "내일 수업에 지각하지 마세요."라고 말했습니다.

» 对 duì 개 ~에게 | 上课 shàngkè 동 수업하다 | 不要 búyào 부 ~하지 마라, ~해서는 안 된다 | 迟到 chídào 동 지각하다

说清楚 분명하게 말하다
shuō qīngchu

» 清楚 qīngchu 형 분명하다, 뚜렷하다

➕ 说话 shuōhuà 동 말하다 | 说明 shuōmíng 동 설명하다 | 说明书 shuōmíngshū 명 설명서

074

送
sòng

辶 가다 + 关 닫다
여자 친구 집에 가서(辶) 닫힌(关) 문을 열고 선물을 해요(送).

동 ❶ (선물을) 주다
　❷ 배웅하다[↔接 jiē ▶ p.58]

我想送给妈妈一个生日礼物。 →동사1 용법
Wǒ xiǎng sòng gěi māma yí ge shēngrì lǐwù.
나는 엄마께 생신 선물 하나를 드리고 싶다.

» 礼物 lǐwù 명 선물

爸爸每天送儿子上学。 →동사2 용법
Bàba měitiān sòng érzi shàngxué.
아빠는 매일 아들을 학교에 바래다준다.

» 上学 shàngxué 동 등교하다

送礼物 선물을 주다　　送孩子 아이를 바래다주다
sòng lǐwù　　　　　　sòng háizi

> **Tip** ~에게 ~를 선물하다
> '~에게 ~를 선물하다'는 '送给+대상+사물'의 형태로 표현할 수 있습니다.

➕ 送别会 sòngbiéhuì 명 송별회 | 赠送 zèngsòng 동 증정하다, 선사하다

075

跳
tiào

足 발 + 兆 조짐
발(足)이 아플 조짐(兆)이 보이면 뛰어서(跳) 병원에 가야 해요.

동 뛰다, 도약하다

妹妹跳舞跳得非常好。
Mèimei tiàowǔ tiào de fēicháng hǎo.
여동생은 춤을 아주 잘 춘다.

» 妹妹 mèimei 명 여동생

+ 跳舞 tiàowǔ 동 춤을 추다 | 跳水 tiàoshuǐ 동 물에 뛰어들다 명 다이빙 | 跳高 tiàogāo 명 높이뛰기 | 跳远 tiàoyuǎn 명 멀리뛰기

076

听
tīng

口 입 + 斤 도끼
입(口)을 도끼(斤)만큼 무겁게 다물고 상대방의 말을 들어야(听) 해요.

동 듣다

我的朋友正在听音乐呢。
Wǒ de péngyou zhèngzài tīng yīnyuè ne.
내 친구는 지금 음악을 듣고 있다.

» 正在 zhèngzài 부 지금 ~하고 있다 | 音乐 yīnyuè 명 음악 | 呢 ne 조 [서술문 끝에 쓰여 동작이나 상태가 지속되고 있음을 나타냄]

+ 听说 tīngshuō 동 듣자니 ~라고 한다 | 听见 tīngjiàn 동 듣다, 들리다 | 听力 tīnglì 명 청력, 듣기 능력 | 听得懂 tīng de dǒng 알아들을 수 있다 | 听不懂 tīng bu dǒng 알아듣지 못하다, 알아들을 수 없다 | 听课 tīngkè 동 수업을 듣다 | 好听 hǎotīng 형 듣기 좋다 | 难听 nántīng 형 듣기 싫다

077

问 wèn

门 문 + 口 입
가게 문(门)을 들어서서 입(口)으로 얼마냐고 물어봐요(问).

동 ❶ 묻다, 질문하다
❷ 안부를 묻다

妈妈，我可以问你一个问题吗？ → 동사1 용법
Māma, wǒ kěyǐ wèn nǐ yí ge wèntí ma?
엄마, 뭐 하나 여쭤봐도 돼요?

» 可以 kěyǐ 조동 ~해도 좋다[허가를 나타냄]

问路 길을 묻다
wèn lù

✚ 问题 wèntí 명 문제, 질문 | 问好 wènhǎo 동 안부를 묻다

078

箱 xiāng

竹 대나무 + 相 서로
대나무(竹)를 서로(相) 엇갈리게 짜서 상자(箱)를 만들어요.

명 상자, 트렁크, 박스

教室里有一个大箱子。
Jiàoshì li yǒu yí ge dà xiāngzi.
교실 안에 큰 상자 하나가 있다.

✚ 箱子 xiāngzi 명 상자, 박스 | 冰箱 bīngxiāng 명 냉장고 | 行李箱 xínglixiāng 명 트렁크, 여행용 가방 | 电子邮箱 diànzǐ yóuxiāng 명 전자 우편함

笑
xiào

竹 대나무 + 夭 요절하다
대나무(竹)가 사람도 아닌데 요절한다(夭)니 참 웃기죠(笑)?

동 웃다[↔哭 kū ▶ p.64]

听了这个笑话，大家都开心地笑了。
Tīngle zhège xiàohua, dàjiā dōu kāixīn de xiào le.
이 우스갯소리를 듣고 모두들 즐겁게 웃었다.

» 开心 kāixīn 형 즐겁다, 유쾌하다

✚ 开玩笑 kāi wánxiào 농담하다 ▶ p.152 | 笑话 xiàohua 명 우스갯소리, 농담 | 笑容 xiàoróng 명 웃는 얼굴

DAY · 10　TRACK 10

080

鞋
xié

革 가죽 + 土 흙 + 土 흙
가죽(革)이 흙(土) 위를 걷게 하려면 신발(鞋)로 만들면 돼요.

명 신발

女朋友昨天买了一双高跟鞋。
Nǚpéngyou zuótiān mǎile yì shuāng gāogēnxié.
여자 친구는 어제 하이힐을 샀다.

» 女朋友 nǚpéngyou 명 여자 친구

穿鞋　신발을 신다　　　脱鞋　신발을 벗다
chuān xié　　　　　　　tuō xié

» 脱 tuō 동 (몸에서) 벗다

> **Tip**　'鞋'로 끝나는 신발 이름
> 皮鞋 píxié 명 구두 | 运动鞋 yùndòngxié 명 운동화 | 高跟鞋 gāogēnxié 명 하이힐 | 冰鞋 bīngxié 명 스케이트화 | 拖鞋 tuōxié 명 슬리퍼 | 篮球鞋 lánqiúxié 명 농구화

081

写
xiě

冖 덮다 + 与 ~와
종이를 손으로 덮어(冖) 고정하고 연필과 함께(与) 써요(写).

동 (글씨를) 쓰다

他每天晚上都写日记。　그는 매일 저녁에 일기를 쓴다.
Tā měitiān wǎnshang dōu xiě rìjì.

» 晚上 wǎnshang 명 저녁 | 日记 rìjì 명 일기

CHAPTER 2　기초 글자 익히기　★　85

写字
xiě zì
글씨를 쓰다

写信
xiě xìn
편지를 쓰다

写小说
xiě xiǎoshuō
소설을 쓰다

» 信 xìn 명 편지 | 小说 xiǎoshuō 명 소설

082

眼
yǎn

目 눈+艮 그치다
눈(目)의 시선이 그치는(艮) 곳에 또 다른 눈(眼)이 있어요.

명 눈

她的眼睛特别大。 그녀는 눈이 매우 크다.
Tā de yǎnjing tèbié dà.

✚ 眼睛 yǎnjing 명 눈 | 眼镜 yǎnjìng 명 안경

> **Tip** '眼睛'과 '眼镜'
> '眼睛 yǎnjing'과 '眼镜 yǎnjìng'의 성조에 유의하세요. '렌즈'를 뜻하는 '镜'이 쓰여 '眼镜'은 '안경'을 가리킵니다.

083

药
yào

부수: 艹(草) 풀
옛날에는 약초 즉, 풀(艹)이 약(药)이었어요.

명 약

我去药店给你买了感冒药。
Wǒ qù yàodiàn gěi nǐ mǎile gǎnmàoyào.
내가 약국에 가서 네 감기약을 샀어.

» 感冒 gǎnmào 명동 감기(에 걸리다)

吃**药** 약을 먹다
chī yào

+ **药**店 yàodiàn 몡 약국 | 感冒**药** gǎnmàoyào 몡 감기약 | 头痛**药** tóutòngyào 몡 두통약 | **药**方 yàofāng 몡 처방(전)

084

衣
yī

衣 옷을 입고 깃을 여민 모양을 본뜬 글자

몡 옷

她正在洗**衣**服。 그녀는 지금 옷을 빨고 있다.
Tā zhèngzài xǐ yīfu.

» 洗 xǐ 동 빨다, 씻다

> **Tip** '衣'가 쓰인 옷 관련 단어
>
> '衣'가 쓰인 단어나 '衤'가 부수로 쓰인 글자는 대체로 '옷'과 관련이 있습니다.
>
> **衣**服 yīfu 몡 옷 | 睡**衣** shuìyī 몡 잠옷 | 毛**衣** máoyī 몡 털옷, 스웨터 | 连**衣**裙 liányīqún 몡 원피스 | 游泳**衣** yóuyǒngyī 몡 수영복 | 大**衣** dàyī 몡 외투 | **衣**架 yījià 몡 옷걸이, 옷장 | **衣**柜 yīguì 몡 옷장, 장롱 | 裤子 kùzi 몡 바지 | 裙子 qúnzi 몡 치마 | 衬衫 chènshān 몡 와이셔츠, 블라우스 | 袜子 wàzi 몡 양말

085

用
yòng

집을 둘러싼 나무 울타리 모양의 글자로, 다른 사람들이 마구 사용하는(用) 것을 방지한 거죠.

동 쓰다, 사용하다
개 ~로써, ~으로

奶奶不太会**用**手机。 → 동사 용법
Nǎinai bú tài huì yòng shǒujī.
할머니는 휴대전화를 잘 사용할 줄 모르신다.

» 会 huì [조동] ~를 잘하다

用信用卡买手机 신용카드로 휴대전화를 사다
yòng xìnyòngkǎ mǎi shǒujī

+ 信**用**卡 xìnyòngkǎ [명] 신용카드 | 公**用** gōngyòng [동] 공용하다 |
零**用**钱 língyòngqián [명] 용돈 | 作**用** zuòyòng [명] 작용, 효과 |
使**用** shǐyòng [동] 사용하다, 쓰다

086

yú

鱼(魚) 물고기 모양을 본뜬 글자

[명] 생선, 물고기

我喜欢吃**鱼**。 나는 생선 먹는 것을 좋아한다.
Wǒ xǐhuan chī yú.

> **Tip** '鱼'가 쓰인 물고기 관련 단어
>
> '鱼'가 쓰인 글자나 단어는 물고기와 관련 있는 경우가 많습니다.
> '鲸鱼 jīngyú'의 '鲸'은 '鱼 + 京 jīng'으로 구성되어 있고, '鲨鱼 shāyú'
> 의 '鲨'는 '沙 shā + 鱼'로 구성되어 있습니다.
> 鲸**鱼** jīngyú [명] 고래 | 鲨**鱼** shāyú [명] 상어 | 金**鱼** jīnyú [명]
> 금붕어

+ 钓**鱼** diàoyú [동] 낚시하다 | 生**鱼**片 shēngyúpiàn [명] 생선회 |
鱼肉 yúròu [명] 어육, 생선살

087

员
yuán

口 입 + 贝 조개(돈)
입(口)에 풀칠할 돈(贝)을 벌기 위해 직원(员)으로 일해요.

명 ~원[어떤 직업에 종사하는 사람을 가리킴]

这家商店的服务员很热情。
Zhè jiā shāngdiàn de fúwùyuán hěn rèqíng.
이 상점의 종업원은 친절하다.

» 家 jiā 양 [집, 점포, 공장 등을 셀 때 쓰임] | 商店 shāngdiàn 명 상점 | 热情 rèqíng 형 친절하다

+ 服务员 fúwùyuán 명 (서비스업의) 종업원 | 店员 diànyuán 명 점원 | 售货员 shòuhuòyuán 명 판매원, 점원 | 演员 yǎnyuán 명 연기자, 배우

088

找
zhǎo

扌(手) 손 + 戈 창
손(扌)으로 창(戈)이 어디 있는지 찾아요(找).

동 ❶ 찾다, 구하다
　❷ (돈을) 거슬러 주다

我找不到我的钱包了。 → 동사1 용법
Wǒ zhǎo bu dào wǒ de qiánbāo le.
나는 지갑을 찾을 수 없다.

» 找不到 zhǎo bu dào 찾을 수 없다 | 钱包 qiánbāo 명 지갑

找女朋友 여자 친구를 구하다
zhǎo nǚpéngyou

+ 找钱 zhǎoqián 동 돈을 거슬러 주다

住
zhù

亻(人) 사람 + 主 주인
사람(亻)이 주인(主)으로 사는(住) 곳이 집이다.

동 살다, 숙박하다, 묵다

我住在这里已经四年了。
Wǒ zhù zài zhèlǐ yǐjīng sì nián le.
내가 이곳에 산 지 벌써 4년이 되었다.

» 这里 zhèlǐ 대 이곳, 여기 | 已经 yǐjīng 부 이미, 벌써 | 年 nián 양 년, 해

Tip ~에 산다

'住在+장소'로 '~에 산다'라는 거주지 표현을 할 수 있습니다.
 我住在首尔。Wǒ zhù zài Shǒu'ěr. 나는 서울에 산다.
他住在北京。Tā zhù zài Běijīng. 그는 베이징에 산다.

✚ 居住 jūzhù 동 거주하다 | 住宅 zhùzhái 명 주택

子
zi

원래는 제3성이지만, 경성의 접미사로 더 많이 쓰이는 글자예요.

접미 [일부 명사, 형용사, 동사 뒤에 쓰여 그것을 명사로 만듦]

这个小朋友还不太会用筷子。
Zhège xiǎopéngyou hái bú tài huì yòng kuàizi.
이 아이는 아직 젓가락질을 잘 못한다.

» 小朋友 xiǎopéngyou 명 어린이, 꼬마

Tip 접미사 '子'를 쓴 명사

모르는 단어가 나왔는데 '子'가 어미로 쓰였다면 '명사'라는 것을 알 수 있어야 해요.

筷子 kuàizi 몡 젓가락 | 杯子 bēizi 몡 잔, 컵 | 桌子 zhuōzi 몡 책상, 탁자 | 椅子 yǐzi 몡 의자 | 瓶子 píngzi 몡 병 | 盘子 pánzi 몡 쟁반, 접시 | 裤子 kùzi 몡 바지 | 裙子 qúnzi 몡 치마 | 帽子 màozi 몡 모자 | 儿子 érzi 몡 아들 | 孩子 háizi 몡 아이 | 妻子 qīzi 몡 아내 | 个子 gèzi 몡 키 | 鼻子 bízi 몡 코

091

zuò

人 사람 + 人 사람 + 土 흙
한 사람(人) 두 사람(人) 잇따라 흙(土) 위에 앉아요(坐).

동 ❶ 앉다
❷ (자동차, 배 등을) 타다

他坐飞机去中国。 →동사2 용법
Tā zuò fēijī qù Zhōngguó.
그는 비행기를 타고 중국에 간다.
» 飞机 fēijī 몡 비행기

坐公共汽车 / 坐公交车 버스를 타다
zuò gōnggòng qìchē / zuò gōngjiāochē

坐火车 기차를 타다   坐船 배를 타다
zuò huǒchē   zuò chuán
» 船 chuán 몡 배

> Tip 동사 '骑 p.73'와 '坐'
> 말, 자전거 등에 두 가랑이를 벌리고 타는 동작을 표현할 때는 동사 '骑 qí'를, 자동차, 배 등 기타 교통수단에 타는 동작을 표현할 때는 동사 '坐'를 씁니다.

➕ 乘坐 chéngzuò 동 (자동차, 배, 비행기 등을) 타다

SPEED CHECK

STEP 1 한국어 뜻을 보고, 그에 해당하는 중국어 단어를 말해 보세요.

- ☐ 입, 출입구, 사람, 마리[사람이나 가축을 셀 때 쓰임]
- ☐ 울다
- ☐ 빠르다, 유쾌하다, 빨리, 곧
- ☐ 늙다, 오래되다, 원래의, 본래의
- ☐ 지치다, 피곤하다
- ☐ 춥다, 차다
- ☐ (빛이) 밝다
- ☐ 사다
- ☐ 느리다
- ☐ 아름답다, 예쁘다
- ☐ 문, 과목, 가지[과목을 셀 때 쓰임]
- ☐ (손으로) 잡다, (생각, 방법 등을) 내놓다, ~를 가지고
- ☐ 어렵다, 힘들다, 좋지 않다, 나쁘다
- ☐ 새
- ☐ 뚱뚱하다, 살찌다
- ☐ 달리다, 뛰다
- ☐ 표, 티켓
- ☐ (자전거나 말 등을) 타다
- ☐ 돈, 화폐
- ☐ (하늘이) 맑다
- ☐ 청하다, 부탁하다, 초청하다, 초빙하다
- ☐ 공, 볼
- ☐ 가다, 떠나다
- ☐ 고기

- ☐ 우산
- ☐ 색, 색깔
- ☐ 책
- ☐ (잠을) 자다
- ☐ 말하다
- ☐ (선물을) 주다, 배웅하다
- ☐ 뛰다, 도약하다
- ☐ 듣다
- ☐ 묻다, 질문하다, 안부를 묻다
- ☐ 상자, 트렁크, 박스
- ☐ 웃다
- ☐ 신발
- ☐ (글씨를) 쓰다
- ☐ 눈
- ☐ 약
- ☐ 옷
- ☐ 쓰다, 사용하다, ~로써, ~으로
- ☐ 생선, 물고기
- ☐ ~원[어떤 직업에 종사하는 사람을 가리킴]
- ☐ 찾다, 구하다, (돈을) 거슬러 주다
- ☐ 살다, 숙박하다, 묵다
- ☐ [일부 명사, 형용사, 동사 뒤에 쓰여 명사로 만듦]
- ☐ 앉다, (자동차, 배 등을) 타다

SPEED CHECK

STEP 2 중국어 단어를 보고, 그에 해당하는 한국어 뜻을 말해 보세요.

- ☐ 口 kǒu
- ☐ 哭 kū
- ☐ 快 kuài
- ☐ 老 lǎo
- ☐ 累 lèi
- ☐ 冷 lěng
- ☐ 亮 liàng
- ☐ 买 mǎi
- ☐ 慢 màn
- ☐ 美 měi
- ☐ 门 mén
- ☐ 拿 ná
- ☐ 难 nán
- ☐ 鸟 niǎo
- ☐ 胖 pàng
- ☐ 跑 pǎo
- ☐ 票 piào
- ☐ 骑 qí
- ☐ 钱 qián
- ☐ 晴 qíng
- ☐ 请 qǐng
- ☐ 球 qiú
- ☐ 去 qù
- ☐ 肉 ròu

- ☐ 伞 sǎn
- ☐ 色 sè
- ☐ 书 shū
- ☐ 睡 shuì
- ☐ 说 shuō
- ☐ 送 sòng
- ☐ 跳 tiào
- ☐ 听 tīng
- ☐ 问 wèn
- ☐ 箱 xiāng
- ☐ 笑 xiào
- ☐ 鞋 xié
- ☐ 写 xiě
- ☐ 眼 yǎn
- ☐ 药 yào
- ☐ 衣 yī
- ☐ 用 yòng
- ☐ 鱼 yú
- ☐ 员 yuán
- ☐ 找 zhǎo
- ☐ 住 zhù
- ☐ 子 zi
- ☐ 坐 zuò

CHAPTER 3

핵심 글자와 단어로 실력 다지기

기초를 탄탄히 다졌으니 이제 69개 핵심 글자와 180개 파생 단어를 통해 본격적으로 어휘를 늘려 갑니다. HSK 1급~4급 수준의 글자와 단어를 실용적인 예문과 함께 공부함으로써 앞으로 모르는 단어를 만나도 대략적인 의미를 유추할 수 있는 놀라운 능력을 키워 보세요.

□ 办	□ 打	□ 关	□ 考	□ 热	□ 同	□ 要
□ 帮	□ 大	□ 欢	□ 离	□ 认	□ 头	□ 意
□ 包	□ 地	□ 回	□ 力	□ 上	□ 完	□ 音
□ 比	□ 点	□ 会	□ 聊	□ 生	□ 习	□ 游
□ 便	□ 动	□ 机	□ 旅	□ 市	□ 洗	□ 有
□ 别	□ 对	□ 记	□ 面	□ 事	□ 下	□ 照
□ 不	□ 放	□ 结	□ 名	□ 手	□ 小	□ 知
□ 差	□ 感	□ 节	□ 明	□ 水	□ 心	□ 最
□ 长	□ 高	□ 决	□ 年	□ 体	□ 新	□ 作
□ 出	□ 公	□ 开	□ 起	□ 天	□ 学	

DAY · 11 TRACK 11

092

办 bàn

부수: 力 힘
일을 할(办) 때는 힘(力)이 필요해요.

동 (어떤 일을) 하다, 처리하다   办法 | 办公室

请你帮我办一件事情。
Qǐng nǐ bāng wǒ bàn yí jiàn shìqing.
일 처리하는 것을 좀 도와주세요.

» 帮 bāng 동 돕다 | 件 jiàn 양 건[일, 사건 등을 셀 때 쓰임] | 事情 shìqing 명 일

➕ 办事 bànshì 동 일을 처리하다 | 办理 bànlǐ 동 (사무를) 처리하다, (수속을) 밟다

办法 bànfǎ

办 bàn 동 처리하다
法 fǎ 명 방법

명 (일을 처리하거나 문제를 해결하는) 방법

我有一个好办法。 내게 좋은 방법이 하나 있다.
Wǒ yǒu yí ge hǎo bànfǎ.

没办法 방법이 없다   想出办法 방법을 생각해 내다
méi bànfǎ   xiǎngchu bànfǎ

» 想出 xiǎngchu 생각해 내다, 떠올리다

办公室 bàngōngshì

办 bàn 동 처리하다
公 gōng 명 공무, 사무 ▶ p.132
室 shì 명 실, 방

명 사무실

王老师现在在办公室。
Wáng lǎoshī xiànzài zài bàngōngshì.
왕 선생님은 지금 사무실에 계신다.

» 老师 lǎoshī 명 선생님 | 在 zài 동 ~에 있다

093

帮
bāng

邦 나라 + 巾 수건
나랏(邦)일이라면 수건(巾)을 머리에 싸매고 도와요(帮).

동 돕다, 거들다 帮忙 | 帮助 ▶ p.98

你能帮我一下吗? 나를 좀 도와줄 수 있니?
Nǐ néng bāng wǒ yíxià ma?

» 能 néng 조동 ~할 수 있다 | 一下 yíxià 수량 좀 ~하다[동사 뒤에 쓰임]

帮忙
bāngmáng

帮 bāng 동 돕다
忙 máng 형 바쁘다

동 돕다, 도와주다

小王帮了我一个大忙。
Xiǎo Wáng bāngle wǒ yí ge dàmáng.
샤오왕은 나에게 큰 도움을 주었다.

» 大忙 dàmáng 형 매우 바쁘다

帮不了忙 도울 수 없다
bāng bu liǎo máng

找人帮忙 도와 줄 사람을 찾다
zhǎo rén bāngmáng

> **Tip** 이합사 '帮忙'의 활용
>
> '帮忙'은 '동사(帮)+목적어(忙)' 구조의 '이합사'입니다. '이합사'는 단어 속에 이미 목적어를 포함하고 있기 때문에 뒤에 목적어를 수반하지 않습니다. 따라서 '(당신이) 나를 도와주세요.'라고 말하고자 한다면 '请你帮忙我。Qǐng nǐ bāngmáng wǒ.'가 아니라 '请你帮我的忙。Qǐng nǐ bāng wǒ de máng.'이라고 해야 합니다.

帮助 bāngzhù

帮 bāng 동 돕다
助 zhù 동 돕다

동 돕다, 도와주다

哥哥常常**帮助**别人。
Gēge chángcháng bāngzhù biérén.
형[오빠]은 자주 다른 사람을 돕는다.

» 哥哥 gēge 명 형, 오빠 | 常常 chángcháng 부 자주 | 别人 biérén 대 남, 타인, 다른 사람

互相**帮助** 서로 돕다
hùxiāng bāngzhù

帮助朋友 친구를 돕다
bāngzhù péngyou

» 互相 hùxiāng 부 서로

094

包 bāo

勹 사람이 몸을 구부린 모양 + 巳 태아가 웅크린 모양

사람이 몸을 구부려(勹) 두 팔로 웅크린 아이(巳)를 감싸고(包) 있는 모양을 본뜬 글자예요.

동 (종이나 천 따위로 물건을) 싸다, 포장하다
包裹 | 包子 ▶ p.100

명 가방, 자루, (싸거나 포장된) 보따리 面包 ▶ p.160

我正在包一个礼物。→ 동사 용법
Wǒ zhèngzài bāo yí ge lǐwù.
나는 지금 선물 하나를 포장하고 있다.

我昨天买了一个很漂亮的包。→ 명사 용법
Wǒ zuótiān mǎile yí ge hěn piàoliang de bāo.
나는 어제 예쁜 가방 하나를 샀다.

✚ 书包 shūbāo 명 책가방 | 背包 bèibāo 명 배낭 | 提包 tíbāo
명 손가방, 핸드백 | 钱包 qiánbāo 명 지갑

包裹 bāoguǒ

包 bāo 명 보따리
裹 guǒ 명 포장된 물건, 보따리

명 소포, 보따리

我早上收到了一个包裹。
Wǒ zǎoshang shōudàole yí ge bāoguǒ.
나는 아침에 소포 하나를 받았다.

» 早上 zǎoshang 명 아침 | 收到 shōudào 받다

寄包裹 소포를 부치다   取包裹 소포를 찾다
jì bāoguǒ   qǔ bāoguǒ

» 寄 jì 동 부치다 | 取 qǔ 동 찾다, 받다

> **Tip** 분해해서 기억하면 쉬운 '裹'
>
> '包裹'의 '裹'는 쪼개어 이해하면 조금 더 쉽게 쓸 수 있습니다.
> '衣'와 '果'가 합쳐진 글자로, '衣'의 '亠'를 제일 위에 쓰고, 아래에
> '果'를 쓴 뒤, 마지막으로 '衣'에서 '亠'를 제외한 아랫부분을 써 주
> 면 됩니다.

包子 bāozi

包 bāo 동 싸다
子 zi 접미 [명사로 만듦] ▶ p.90

명 빠오즈[찐빵 모양의 소가 든 만두]

我喜欢吃中国的包子。
Wǒ xǐhuan chī Zhōngguó de bāozi.
나는 중국의 빠오즈 먹는 것을 좋아한다.

> **Tip** 중국의 만두 삼총사
> 중국 만두에는 소를 넣은 반달 모양의 '饺子 jiǎozi', 소를 넣은 찐빵 모양의 '包子', 소를 넣지 않고 밀가루만 발효시켜 만든 '馒头 mántou'가 있습니다.

＋ 肉包子 ròubāozi 명 고기가 든 빠오즈 ｜ 菜包子 càibāozi 명 야채가 든 빠오즈

095

比 bǐ

두 사람이 나란히 서 있는 모양을 본떠 '견주다(比)'라는 뜻을 나타내요.

동 ❶ 비교하다 比较
　　❷ 견주다, 겨루다 比赛
개 ~보다[두 사물을 비교할 때 쓰임]

妹妹比我长得更漂亮。 →개사 용법
Mèimei bǐ wǒ zhǎng de gèng piàoliang.
여동생은 나보다 훨씬 예쁘게 생겼다.

» 长 zhǎng 동 생기다 ｜ 更 gèng 부 더욱, 훨씬

> **Tip** 비교문에 쓰이는 '比'
> 개사로서의 '比'는 주로 비교문에 쓰입니다. '比'자 비교문의 기본 어순은 'A+比+B+更/还+형용사'예요.
> 예 我你更高。Wǒ bǐ nǐ gèng gāo. 내가 너보다 키가 더 커.

➕ 比如 bǐrú 동 예를 들다, 예컨대

比较 bǐjiào

比 bǐ 동 비교하다
较 jiào 동 비교하다

동 비교하다
부 비교적

你比较一下这两件衣服。 → 동사 용법
Nǐ bǐjiào yíxià zhè liǎng jiàn yīfu.
이 옷 두 벌을 좀 비교해 봐.

» 件 jiàn 양 벌[옷을 셀 때 쓰임]

这里的环境比较好。 → 부사 용법
Zhèlǐ de huánjìng bǐjiào hǎo.
이곳의 환경은 비교적 좋다.

» 环境 huánjìng 명 환경

互相比较
hùxiāng bǐjiào
서로 비교하다

比较好
bǐjiào hǎo
비교적 좋다, 좋은 편이다

> Tip '比较'의 용법 구분
> '比较'는 '比较+명사'이면 동사로, '比较+형용사'이면 정도를 나타내는 부사로 해석하면 됩니다.

比赛 bǐsài

比 bǐ 동 견주다, 겨루다
赛 sài 명 대회

명 시합, 경기

我今天看了一场足球比赛。
Wǒ jīntiān kànle yì chǎng zúqiú bǐsài.
나는 오늘 축구 경기 하나를 봤다.

» 场 chǎng 양 회, 번, 차례[문예, 오락, 체육 활동 등을 셀 때 쓰임]

游泳比赛 수영 시합
yóuyǒng bǐsài

比赛成绩 시합 성적
bǐsài chéngjì

» 游泳 yóuyǒng 통 수영하다 | 成绩 chéngjì 명 성적

> **Tip** 시험에 자주 출제되는 '比赛'
> '比赛'는 新HSK에 자주 나오는 단어입니다. 명사는 그 자체만 외우기보다 함께 쓰이는 동사와 세트로 외우는 것이 듣기, 독해, 쓰기 능력 등 향상에 도움이 됩니다.
> 举行比赛 jǔxíng bǐsài 경기를 거행하다 | 参加比赛 cānjiā bǐsài 시합에 참가하다

096

便
biàn / pián

亻(人) 사람 + 更 바꾸다
사람(亻)은 불편한 것이 있으면 바꾸어(更) 편리하게(便) 하죠.

biàn 형 편리하다, 편하다 方便
　　 동 변을 보다 方便
　　 부 곧, 즉시[=就 jiù]
pián ['便宜' 등 단어를 구성할 때만 'pián'으로 발음함] 便宜

他下班后便去喝酒了。 → 부사 용법
Tā xiàbān hòu biàn qù hē jiǔ le.
그는 퇴근 후 바로 술을 마시러 갔다.

» 下班 xiàbān 통 퇴근하다

✚ 不便 búbiàn 형 불편하다 | 便利店 biànlìdiàn 명 편의점 | 大便 dàbiàn 명동 대변(을 보다) | 小便 xiǎobiàn 명동 소변(을 보다)

方便
fāngbiàn

方 fāng 명 방법
便 biàn 형 편리하다 동 변을 보다

형 편리하다
동 볼일을 보다

这里的交通很方便。 →형용사 용법
Zhèlǐ de jiāotōng hěn fāngbiàn.
이곳은 교통이 편리하다.

» 交通 jiāotōng 명 교통

我去方便一下! 저 볼일 좀 보러 갈게요! →동사 용법
Wǒ qù fāngbiàn yíxià!

交通方便 교통이 편리하다
jiāotōng fāngbiàn

➕ 方便面 fāngbiànmiàn 명 (인스턴트) 라면

便宜
piányi

便 pián ['便宜' 등 단어를 구성하는 글자]
宜 yí 형 알맞다, 적합하다

형 (값이) 싸다 [↔贵 guì ▸ p.49]

这件衣服很便宜。 이 옷은 저렴하다.
Zhè jiàn yīfu hěn piányi.

价格便宜 가격이 저렴하다
jiàgé piányi

» 价格 jiàgé 명 가격

便宜的衣服 저렴한 옷
piányi de yīfu

别
bié

另 따로 + 刂(刀) 칼
따로따로(另) 칼(刂)로 잘라 구별해요(別).

- 분 ~하지 마라[=不要 búyào ▶ p.107]
- 대 그 밖의　別人
- 형 유다르다, 특수하다　特別
- 동 구별하다, 구분하다

别在这里抽烟。 여기서 담배 피우지 마세요.　→ 부사 용법
Bié zài zhèlǐ chōuyān.
» 抽烟 chōuyān 동 담배를 피우다

别客气。 별말씀을요. 사양하지 마세요.　→ 부사 용법
Bié kèqi.

别人
biérén

- 别 bié 대 그 밖의
- 人 rén 명 사람

- 대 (일반적인) 남, 타인, 다른 사람

别人说我最近瘦了。 남들이 나더러 요즘 말랐다고 한다.
Biérén shuō wǒ zuìjìn shòu le.
» 最近 zuìjìn 명 최근, 요즘 | 瘦 shòu 형 마르다

帮助**别人** 다른 사람을 돕다
bāngzhù biérén

特别
tèbié

- 特 tè 형 특별하다
- 别 bié 형 유다르다, 특수하다

- 형 특별하다
- 부 특히, 아주

今天图书馆里学生**特别**多。 → 부사 용법
Jīntiān túshūguǎn li xuésheng tèbié duō.
오늘 도서관에 학생이 특히 많다.

特别席　　　　　**特别**节目　　　　　**特别**服务
tèbiéxí　　　　　　tèbié jiémù　　　　　tèbié fúwù
특별석　　　　　　특별 프로그램　　　　 특별 서비스

» 席 xí 명 좌석, 자리 | 节目 jiémù 명 프로그램 | 服务 fúwù 동 서비스하다, 봉사하다

> **Tip** '特别'의 용법 구분
> 형용사로도 쓰이고 부사로도 쓰이는 '特别'는 '特别+형용사' 형태로 쓰이면 정도를 나타내는 부사로 해석됩니다.

098

不
bù

새가 날아올라 내려오지 않는 모양을 본뜬 글자

부 ❶ [동사, 형용사, 기타 부사 앞에 위치해 부정을 나타냄]
不错 ▶ p.106 | 不但 ▶ p.106 | 不客气 ▶ p.107 | 不要 ▶ p.107 |
对不起 ▶ p.125

❷ ~할 필요 없다, ~하지 마세요 不客气

今天**不**是星期二。 → 부사1 용법
Jīntiān bú shì xīngqī'èr.
오늘은 화요일이 아니다.

» 星期二 xīngqī'èr 명 화요일

不好意思 미안하다, 부끄럽다　　　**不**知道 모르다
bù hǎoyìsi　　　　　　　　　　　bù zhīdào

» 好意思 hǎoyìsi 동 미안하지 않다, 부끄럽지 않다

✚ **不**用 búyòng 부 ~할 필요 없다 | **不**过 búguò 접 그러나

不错
búcuò

不 bù [부정을 나타냄]
错 cuò 형 서투르다, 나쁘다 ▶ p.41

형 좋다, 괜찮다

这碗面条的味道不错。 이 국수는 맛이 좋다.
Zhè wǎn miàntiáo de wèidào búcuò.

» 碗 wǎn 그릇, 공기 ｜ 面条 miàntiáo 명 국수 ｜ 味道 wèidào 명 맛

> **Tip** 맛이 어때? "不错!"
>
> 음식을 맛보는데 "味道怎么样? Wèidào zěnmeyàng? 맛이 어때?"이라는 질문을 받으면 "好吃! Hǎochī! 맛있어!" 대신 "不错!"라고 답할 수 있습니다.

不但
búdàn

不 bù [부정을 나타냄]
但 dàn 부 다만, 오직

접 ~뿐만 아니라

她不但长得漂亮，而且个子很高。
Tā búdàn zhǎng de piàoliang, érqiě gèzi hěn gāo.
그녀는 예쁘게 생겼을 뿐만 아니라 키도 크다.

» 而且 érqiě 접 게다가, 또한 ｜ 个子 gèzi 명 키

> **Tip** 不但 A，而且 B
>
> '不但'은 대체로 '不但 A，而且 B' 형태로 쓰여 'A일 뿐만 아니라 B이다'라는 뜻을 나타냅니다. 이때 '而且'는 부사 '也 yě' 혹은 '还 hái'와 함께 쓰거나 바꿔 쓸 수 있습니다. 新HSK에도 자주 등장하니 꼭 기억해 두세요!

★ 但是 dànshì 접 그러나

不客气
bú kèqi

不 bù 부 [부정을 나타냄], ~할 필요 없다, ~하지 마세요
客气 kèqi 동 사양하다, 체면을 차리다

❶ 사양하지 않다
❷ 천만에요, 별말씀을요[=别客气 bié kèqi]

A 这是我做的菜，你尝尝。
Zhè shì wǒ zuò de cài, nǐ chángchang.
이것은 제가 만든 요리예요. 드셔 보세요.

B 好的，谢谢。那我就不客气了。 ▸1 용법
Hǎo de, xièxie. Nà wǒ jiù bú kèqi le.
좋아요. 감사합니다. 그럼 사양하지 않을게요.

» 尝 cháng 동 맛보다 | 那 nà 접 그러면, 그렇다면

A 谢谢你帮了我的忙。 저를 도와주셔서 고마워요.
Xièxie nǐ bāngle wǒ de máng.

B 不客气。 별말씀을요. ▸2 용법
Bú kèqi.

不要
búyào

不 bù 부 [부정을 나타냄]
要 yào 조동 ~해야 한다 ▸ p.207

부 ~하지 마라, ~해서는 안 된다[=别 bié ▸ p.104]

开车时不要打电话。
Kāichē shí búyào dǎ diànhuà.
운전할 때는 전화를 걸지 마세요.

» 开车 kāichē 동 차를 운전하다 | 打电话 dǎ diànhuà 전화를 걸다

DAY · 12 TRACK 12

099

差 chà / chāi

부수: 工 일하다
사람마다 일할(工) 때는 차이가 있기(差) 마련이죠.

chà 형 ❶ (의견이나 모양 등이) 다르다, 차이 나다 差不多
　　　❷ (성적이나 품질 등이) 나쁘다, 좋지 않다
chāi 동 (공무나 직무 등을 처리하기 위해) 파견하다
　　　出差 ▸ p.110

我的汉语水平很差。 ▸ 형용사2 용법
Wǒ de Hànyǔ shuǐpíng hěn chà.
나의 중국어 실력은 좋지 않다.

》 水平 shuǐpíng 명 수준

差不多 chàbuduō

差 chà 형 차이 나다
不多 bù duō 많지 않다

형 차이가 별로 없다, 비슷하다

我们俩年龄差不多。 우리 둘은 나이가 비슷하다.
Wǒmen liǎ niánlíng chàbuduō.

》 俩 liǎ 수량 두 사람 ｜ 年龄 niánlíng 명 연령, 나이

100

长 cháng / zhǎng

长(長) 머리털이 긴 노인이 단장을 쥐고 서 있는 모양을 본뜬 글자

cháng 형 (시간이나 공간적 거리가) 길다 [↔短 duǎn ▸ p.45]
　　　　长城
zhǎng 동 생기다, 자라다
　　　　명 (기관, 단체의) 장, 우두머리 校长

我等他等了很**长**时间。 →형용사 용법
Wǒ děng tā děngle hěn cháng shíjiān.
나는 그를 오랜 시간 기다렸다.

» 等 děng 통 기다리다 | 时间 shíjiān 명 시간

我爸爸**长**得很年轻。 →동사 용법
Wǒ bàba zhǎng de hěn niánqīng.
우리 아빠는 젊어 보이신다.

» 年轻 niánqīng 형 젊다

✚ **长**途 chángtú 형 장거리의 | **长**椅 chángyǐ 명 긴 의자, 벤치 | 班**长** bānzhǎng 명 반장 | 队**长** duìzhǎng 명 팀장, 주장

长城
Chángchéng

长 cháng 형 길다
城 chéng 명 성, 성벽

고유 만리장성

明年我想去**长城**。 내년에 나는 만리장성에 가고 싶다.
Míngnián wǒ xiǎng qù Chángchéng.

» 明年 míngnián 명 내년 | 想 xiǎng 조동 ~하고 싶다

校长
xiàozhǎng

校 xiào 명 학교
长 zhǎng 명 장, 우두머리

명 교장[초·중·고교의 교장, 대학의 총장을 가리킴]

他是我们学校的**校长**。
Tā shì wǒmen xuéxiào de xiàozhǎng.
그는 우리 학교의 교장 선생님이시다.

» 学校 xuéxiào 명 학교

101

出
chū

새싹이 땅 위로 돋아나는 모양을 본뜬 글자

통 ❶ (안에서 밖으로) 나가다, 나오다 出差 | 出发 | 出院 | 出租车 ▶p.112
　 ❷ 나타나다, 드러나다 出现 ▶p.112

我想周末**出**去玩儿。→ 동사1 용법
Wǒ xiǎng zhōumò chūqu wánr.
나는 주말에 놀러 나가고 싶다.

» 周末 zhōumò 명 주말 | 出去 chūqu 통 나가다 | 玩儿 wánr 통 놀다

➕ **出**境 chūjìng 통 출국하다, 국경을 나가다 | **出**门 chūmén 통 외출하다, 집을 나서다 | **出**口 chūkǒu 통 수출하다 명 출구 | **出**席 chūxí 통 출석하다

出差
chūchāi

出 chū 통 나가다, 나오다
差 chāi 통 파견하다 ▶p.108

통 출장 가다

下个月我要去**出差**。 다음 달에 나는 출장을 가야 한다.
Xià ge yuè wǒ yào qù chūchāi.

» 要 yào 조동 ~해야 한다

去美国**出差** 미국에 출장을 가다
qù Měiguó chūchāi

» 美国 Měiguó 고유 미국

> **Tip** 시험에 자주 출제되는 '出差'
>
> 新HSK 듣기 영역에 자주 출제되는 '出差'는 이합사로, 뒤에 목적어를 가질 수 없기 때문에 '到 dào/去 qù+장소+出差'의 형태로 씁니다. 또 출장을 며칠간 가는지는 '到/去+장소+出+기간+差' 형태로 말할 수 있습니다.
>
> 예 去西安**出**两天**差** 시안에 이틀간 출장을 가다
> 　　qù Xī'ān chū liǎng tiān chāi

110

出发
chūfā

出 chū 동 나가다, 나오다
发 fā 동 출발하다

동 출발하다, 떠나다

我们下午出发。 우리는 오후에 출발한다.
Wǒmen xiàwǔ chūfā.

» 下午 xiàwǔ 명 오후

出发时间 출발 시간
chūfā shíjiān

出发地点 출발 지점
chūfā dìdiǎn

» 地点 dìdiǎn 명 지점, 장소, 위치

从……出发 ~에서 출발하다
cóng……chūfā

» 从 cóng 개 ~부터[장소나 시간의 출발점을 나타냄]

出院
chūyuàn

出 chū 동 나가다, 나오다
院 yuàn 명 병원

동 퇴원하다[↔住院 zhùyuàn]

爷爷上周二出院了。
Yéye shàng zhōu'èr chūyuàn le.
할아버지는 지난주 화요일에 퇴원하셨다.

» 上 shàng 명 (시간, 순서의) 앞, 먼저 | 周二 zhōu'èr 명 화요일

出院手续 퇴원 수속
chūyuàn shǒuxù

» 手续 shǒuxù 명 수속

出租车
chūzūchē

出 chū 동 나가다, 나오다
租 zū 명 세, 임대료
车 chē 명 차 ▶ p.39

명 택시[=出租汽车 chūzū qìchē]

我每天坐出租车上班。
Wǒ měitiān zuò chūzūchē shàngbān.
나는 매일 택시를 타고 출근한다.

» 坐 zuò 동 (자동차, 배 등을) 타다 | 上班 shàngbān 동 출근하다

开出租车 택시를 운전하다
kāi chūzūchē

» 开 kāi 동 운전하다

出租车司机 택시 기사
chūzūchē sījī

» 司机 sījī 명 운전기사

出现
chūxiàn

出 chū 동 나타나다, 드러나다
现 xiàn 동 나타나다

동 출현하다, 나타나다

她笑着出现在我们面前。
Tā xiàozhe chūxiàn zài wǒmen miànqián.
그녀는 웃으면서 우리 앞에 나타났다.

» 着 zhe 조 ~하면서 | 面前 miànqián 명 면전, 눈앞

突然出现 갑자기 나타나다
tūrán chūxiàn

» 突然 tūrán 부 갑자기

★ 现在 xiànzài 명 지금, 현재

打 dǎ

扌(手) 손 + 丁 못의 모양을 본뜬 글자
손(扌)으로 못(丁)을 박으니 '치다(打)'라는 의미가 나왔어요.

동 ❶ (손이나 기구 등을 써서) 치다, 때리다
  ❷ (신체를 통해 어떤 동작을) 하다
    打电话 | 打篮球 ▶p.114 | 打扫 ▶p.114 | 打针 ▶p.114
  ❸ (구체적 사항을) 정하다, 생각해 내다 打算 ▶p.115
  ❹ 들다, 펴 들다

我喜欢打乒乓球。 → 동사2 용법
Wǒ xǐhuan dǎ pīngpāngqiú.
나는 탁구 하는 것을 좋아한다.

» 乒乓球 pīngpāngqiú 명 탁구

✚ 打车 dǎchē 동 택시를 타다 | 打开 dǎkāi 동 열다, 펼치다, (스위치 따위를) 켜다 | 打扰 dǎrǎo 동 방해하다, 폐를 끼치다 | 打听 dǎtīng 동 물어보다, 알아보다 | 打字 dǎzì 동 타자를 치다 | 打折 dǎzhé 동 할인하다 | 打工 dǎgōng 동 아르바이트하다, 일하다

打电话 dǎ diànhuà

打 dǎ 동 (어떤 동작을) 하다
电话 diànhuà 명 전화

전화를 걸다, 전화하다

我想给妈妈打电话。 나는 엄마에게 전화하고 싶다.
Wǒ xiǎng gěi māma dǎ diànhuà.
나는 엄마에게 전화하고 싶다.

» 给 gěi 개 ~에게

> **Tip** 활용도 높은 '전화' 관련 표현
>
> 接电话 jiē diànhuà 전화를 받다 | 电话卡 diànhuàkǎ 명 전화카드 | 电话号码 diànhuà hàomǎ 명 전화번호 | 公用电话 gōngyòng diànhuà 명 공중전화

打篮球
dǎ lánqiú

打 dǎ 동 (어떤 동작을) 하다
篮球 lánqiú 명 농구

농구를 하다

男朋友正在打篮球。 남자 친구는 지금 농구를 하고 있다.
Nánpéngyou zhèngzài dǎ lánqiú.
» 男朋友 nánpéngyou 명 남자 친구 ǀ 正在 zhèngzài 부 지금 ~하고 있다

篮球运动员 농구 선수
lánqiú yùndòngyuán

篮球比赛 농구 시합
lánqiú bǐsài

打扫
dǎsǎo

打 dǎ 동 (어떤 동작을) 하다
扫 sǎo 동 청소하다, 제거하다

동 청소하다

晚饭后，我打扫了房间。
Wǎnfàn hòu, wǒ dǎsǎole fángjiān.
저녁 식사 후, 나는 방을 청소했다.
» 晚饭 wǎnfàn 명 저녁밥 ǀ 后 hòu 명 (시간상의) 뒤, 후 ǀ 房间 fángjiān 명 방

打扫房间 방을 청소하다
dǎsǎo fángjiān

打针
dǎzhēn

打 dǎ 동 (어떤 동작을) 하다
针 zhēn 명 주사

동 주사를 놓다, 주사를 맞다

孩子们都不喜欢打针。
Háizimen dōu bù xǐhuan dǎzhēn.
아이들은 모두 주사 맞는 것을 싫어한다.

» 孩子 háizi 명 아이 | 都 dōu 부 모두, 다

打算
dǎsuan

打 dǎ 동 정하다, 생각해 내다
算 suàn 동 계획하다, 꾸미다

동 ~하려고 하다, 계획하다
명 생각, 계획

我打算搬家。 나는 이사 갈 계획이다. → 동사 용법
Wǒ dǎsuan bānjiā.

» 搬家 bānjiā 동 이사하다

毕业后你有什么打算? → 명사 용법
Bìyè hòu nǐ yǒu shénme dǎsuan?
졸업 후에 너는 어떤 계획이 있어?

» 毕业 bìyè 동 졸업하다

103

大
dà / dài

大 사람이 양팔을 벌리고 서 있는 모습을 본뜬 글자

dà 형 (부피, 면적, 수량, 힘, 강도 등이) 크다, 많다, 세다
　　[↔小 xiǎo ▶ p.200] 大家 ▶ p.116 | 大使馆 ▶ p.116
dài ['大夫' 등 단어를 구성할 때만 'dài'로 발음함] 大夫 ▶ p.116

我买的苹果很大。 내가 산 사과는 크다. → 형용사 용법
Wǒ mǎi de píngguǒ hěn dà.

➕ 大学 dàxué 명 대학 | 大学生 dàxuéshēng 명 대학생 | 大
哥 dàgē 명 큰형, (존칭으로서의) 형님 | 大姐 dàjiě 명 큰누나,
(존칭으로서의) 언니 | 大衣 dàyī 명 외투 | 大海 dàhǎi 명 바다 |
大概 dàgài 부 아마도, 대략

CHAPTER 3 핵심 글자와 단어로 실력 다지기 ★ 115

大家 dàjiā

大 dà 형 크다
家 jiā 명 [어떤 신분을 지닌 사람을 가리킴] ▶ p.55

대 모두

大家都想休息。 모두들 쉬고 싶어 한다.
Dàjiā dōu xiǎng xiūxi.

» 休息 xiūxi 동 휴식하다, 쉬다

大使馆 dàshǐguǎn

大 dà 형 크다
使 shǐ 명 외교관
馆 guǎn 명 ~관 ▶ p.48

명 대사관

这儿是韩国**大使馆**。 여기는 한국 대사관이다.
Zhèr shì Hánguó dàshǐguǎn.

» 韩国 Hánguó 고유 한국

✚ 中国**大使馆** Zhōngguó dàshǐguǎn 명 중국 대사관

大夫 dàifu

大 dài ['大夫' 등 단어를 구성하는 글자]
夫 fū 명 성인 남자[옛날에는 의사가 대체로 남자였음]

명 의사[=医生 yīshēng ▶ p.180]

王**大夫**正在给病人看病，您等一下。
Wáng dàifu zhèngzài gěi bìngrén kànbìng, nín děng yíxià.
왕 선생님은 지금 환자를 진찰하고 있으니 잠시만 기다려 주세요.

» 病人 bìngrén 명 환자 | 看病 kànbìng 동 진찰하다 | 等 děng 동 기다리다

地
dì / de

土 땅 + 也 또한
땅(土) 또한(也) 육지(地)를 가리키지요.

dì 몡 ❶ 육지, 땅 地铁 | 地图
　　　❷ 지역 地点 ▶ p.118 | 地方 ▶ p.118

de 조 ['형용사/명사/동사+地+술어동사' 형태로 쓰임]

他非常高兴地回家了。 → 조사 용법
Tā fēicháng gāoxìng de huí jiā le.
그는 매우 기뻐하며 집으로 돌아갔다.

》 高兴 gāoxìng 혱 기쁘다, 즐겁다

➕ 地址 dìzhǐ 몡 주소 | 地球 dìqiú 몡 지구

地铁
dìtiě

地 dì 몡 육지, 땅
铁 tiě 몡 쇠, 철

몡 지하철

我每天坐地铁上班。 나는 매일 지하철을 타고 출근한다.
Wǒ měitiān zuò dìtiě shàngbān.

坐地铁 지하철을 타다
zuò dìtiě

➕ 地铁站 dìtiězhàn 몡 지하철역

地图
dìtú

地 dì 몡 육지, 땅
图 tú 몡 그림

몡 지도

我买了一张北京地图。 나는 베이징 지도 하나를 샀다.
Wǒ mǎile yì zhāng Běijīng dìtú.

✚ 世界地图 shìjiè dìtú 명 세계지도

★ 图书馆 túshūguǎn 명 도서관

地点
dìdiǎn

地 dì 명 지역
点 diǎn 명 (지점, 한도 등) 일정한 위치 ▶ p.121

명 지점, 장소, 위치

我们比赛的**地点**定下来了。
Wǒmen bǐsài de dìdiǎn dìng xiàlai le.
우리가 시합할 장소가 정해졌다.

» 定 dìng 동 정하다

集合**地点** 집합 장소
jíhé dìdiǎn

» 集合 jíhé 동 집합하다

地方
dìfang

地 dì 명 지역
方 fāng 명 곳, 장소

명 곳, 장소, 부분

我以前来过这个**地方**。
Wǒ yǐqián láiguo zhège dìfang.
나는 예전에 이곳에 온 적이 있다.

» 以前 yǐqián 명 이전 | 过 guo 조 ~한 적이 있다[동사 뒤에 위치해 경험을 나타냄]

老**地方** 본래의 자리, 늘 만나던 장소
lǎo dìfang

» 老 lǎo 형 원래의, 본래의

★ 方向 fāngxiàng 명 방향

SPEED CHECK

STEP 1 한국어 뜻을 보고, 그에 해당하는 중국어 단어를 말해 보세요.

- ☐ (어떤 일을) 하다, 처리하다
- ☐ 방법
- ☐ 사무실
- ☐ (1음절) 돕다, 거들다
- ☐ (2음절) 돕다, 도와주다
- ☐ 싸다, 포장하다, 가방, 자루, 보따리
- ☐ 소포, 보따리
- ☐ 빠오즈[찐빵 모양의 소가 든 만두]
- ☐ 비교하다, 견주다, 겨루다, ~보다
- ☐ 비교하다, 비교적
- ☐ 시합, 경기
- ☐ 편리하다, 변을 보다, 곧, ['便宜' 등 단어를 구성함]
- ☐ 편리하다, 볼일을 보다
- ☐ (값이) 싸다
- ☐ ~하지 마라, 그 밖의, 유다르다, 구별하다
- ☐ 남, 타인, 다른 사람
- ☐ 특별하다, 특히, 아주
- ☐ [부정을 나타냄], ~하지 마세요
- ☐ 좋다, 괜찮다
- ☐ ~뿐만 아니라
- ☐ 사양하지 않다, 천만에요, 별말씀을요
- ☐ ~하지 마라, ~해서는 안 된다
- ☐ 다르다, 나쁘다, 파견하다
- ☐ 차이가 별로 없다, 비슷하다

- ☐ 길다, 생기다, 자라다, (기관, 단체의) 장
- ☐ 만리장성
- ☐ 교장
- ☐ 나가다, 나오다, 나타나다, 드러나다
- ☐ 출장 가다
- ☐ 출발하다, 떠나다
- ☐ 퇴원하다
- ☐ 택시
- ☐ 출현하다, 나타나다
- ☐ 때리다, (어떤 동작을) 하다, (구체적 사항을) 정하다
- ☐ 전화를 걸다, 전화하다
- ☐ 농구를 하다
- ☐ 청소하다
- ☐ 주사를 놓다, 주사를 맞다
- ☐ ~하려고 하다, 계획하다, 생각, 계획
- ☐ 크다, 많다, 세다, ['大夫' 등 단어를 구성함]
- ☐ 모두
- ☐ 대사관
- ☐ 의사
- ☐ 육지, 땅, 지역, [조사로 쓰임]
- ☐ 지하철
- ☐ 지도
- ☐ 지점, 장소, 위치
- ☐ 곳, 장소, 부분

CHAPTER 3 핵심 글자와 단어로 실력 다지기

SPEED CHECK

STEP 2 중국어 단어를 보고, 그에 해당하는 한국어 뜻을 말해 보세요.

- 办 bàn
- 办法 bànfǎ
- 办公室 bàngōngshì
- 帮 bāng
- 帮忙 bāngmáng 帮助 bāngzhù
- 包 bāo
- 包裹 bāoguǒ
- 包子 bāozi
- 比 bǐ
- 比较 bǐjiào
- 比赛 bǐsài
- 便 biàn / pián
- 方便 fāngbiàn
- 便宜 piányi
- 别 bié
- 别人 biérén
- 特别 tèbié
- 不 bù
- 不错 búcuò
- 不但 búdàn
- 不客气 bú kèqi
- 不要 búyào
- 差 chà / chāi
- 差不多 chàbuduō
- 长 cháng / zhǎng
- 长城 Chángchéng
- 校长 xiàozhǎng
- 出 chū
- 出差 chūchāi
- 出发 chūfā
- 出院 chūyuàn
- 出租车 chūzūchē
- 出现 chūxiàn
- 打 dǎ
- 打电话 dǎ diànhuà
- 打篮球 dǎ lánqiú
- 打扫 dǎsǎo
- 打针 dǎzhēn
- 打算 dǎsuan
- 大 dà / dài
- 大家 dàjiā
- 大使馆 dàshǐguǎn
- 大夫 dàifu
- 地 dì / de
- 地铁 dìtiě
- 地图 dìtú
- 地点 dìdiǎn
- 地方 dìfang

DAY · 13 TRACK 13

105

点 diǎn

占 차지하다 + 灬(火) 불
차지한(占) 땅에 불(灬)을 붙였는데 불씨가 조금(点)밖에 안 남았어요.

동 ❶ 주문하다, 지정하다 点菜
　❷ (머리를) 끄덕이다
양 ❶ 약간, 조금 一点(儿) ▶ p.122
　❷ 시(時)
명 ❶ 점
　❷ (사물의) 방면, 부분 重点 ▶ p.122
　❸ 간식
　❹ (지점, 한도 등) 일정한 위치 地点 ▶ p.118

我每天八点起床。 → 양사2 용법
Wǒ měitiān bā diǎn qǐchuáng.
나는 매일 여덟 시에 일어난다.

» 起床 qǐchuáng 동 일어나다

➕ 点名 diǎnmíng 동 출석을 부르다 | 点心 diǎnxin 명 (떡, 과자, 빵 등) 간식 | 点头 diǎntóu 동 고개를 끄덕이다 | 有点(儿) yǒudiǎn(r) 부 조금, 약간

点菜 diǎncài

点 diǎn 동 주문하다
菜 cài 명 요리, 음식 ▶ p.38

동 음식을 주문하다

服务员，我们要点菜。 여기요, 저희 주문할게요.
Fúwùyuán, wǒmen yào diǎncài.

» 服务员 fúwùyuán 명 종업원 | 要 yào 조동 ~할 것이다, ~하려고 한다

电脑点菜 인터넷으로 (음식점 사이트)에서 음식을 주문하다
diànnǎo diǎncài

★ 菜单 càidān 명 메뉴

一点(儿)
yìdiǎn(r)

一 yī 주 1. 하나
点(儿) diǎn(r) 양 약간, 조금

수량 조금, 약간

我昨天买了一点儿东西。
Wǒ zuótiān mǎile yìdiǎnr dōngxi.
나는 어제 물건을 조금 샀다.

» 东西 dōngxi 명 물건

> **Tip** '一点(儿)'과 '有点(儿) yǒudiǎn(r)'
>
> '一点(儿)'은 수량사이고, '有点(儿)'은 정도부사입니다. 따라서 '一点(儿)'은 '동사/형용사+一点(儿)', '有点(儿)'은 '有点(儿)+형용사' 형태로 씁니다. '一点儿'은 부정부사 '不'나 '没' 앞에 위치한다는 점도 유의하세요.
>
> 예 这件有点儿大，有小一点儿的吗?
> Zhè jiàn yǒudiǎnr dà, yǒu xiǎo yìdiǎnr de ma?
> 이 옷은 조금 큰데, 조금 작은 것 있나요?
>
> 天气一点儿也不热。
> Tiānqì yìdiǎnr yě bú rè.
> 날씨가 조금도 덥지 않아요.

重点
zhòngdiǎn

重 zhòng 형 중요하다
点 diǎn 명 (사물의) 방면, 부분

명 중점, 핵심
형 중요하다, 중점적이다

我的目标是考上重点大学。 →명사 용법
Wǒ de mùbiāo shì kǎoshàng zhòngdiǎn dàxué.
나의 목표는 중점 대학에 합격하는 것이다.

» 目标 mùbiāo 목표 | 考上 kǎoshàng 시험에 합격하다 | 大学 dàxué 대학

重点大学 중점 대학
zhòngdiǎn dàxué

> **Tip** '重点大学'의 의미
> '重点大学'는 중국에서 정부의 집중적인 지원을 받는 대학교를 말합니다. 흔히 같은 개념으로 오해하기 쉬운 '名牌大学 míngpái dàxué'는 '명문 대학'을 뜻하며, 모두 '重点大学'에 속합니다. 하지만 '重点大学'가 모두 '名牌大学'인 것은 아니라는 사실! 구분해서 기억해 두세요.

106

dòng

云 구름 + 力 힘
구름(云)은 힘(力)이 있어야 움직여요(动).

⑧ (사람, 사물이) 움직이다, 행동하다
动物 ▶ p.124 | 运动 ▶ p.124 | 自动 ▶ p.124

我的自行车不动了。 내 자전거가 움직이지 않는다.
Wǒ de zìxíngchē bú dòng le.

» 自行车 zìxíngchē ⑲ 자전거

➕ 动画片 dònghuàpiān ⑲ 만화 영화, 애니메이션 | 动手术 dòng shǒushù 수술하다

动物 dòngwù

动 dòng 통 움직이다
物 wù 명 물건, 물체

명 동물

我喜欢**动物**。 나는 동물을 좋아한다.
Wǒ xǐhuan dòngwù.

> **Tip** 일상에서 자주 언급되는 '动物'
>
> 狗 gǒu 명 개 | 猫 māo 명 고양이 | 猪 zhū 명 돼지 | 马 mǎ 명 말 | 羊 yáng 명 양 | 牛 niú 명 소 | 老虎 lǎohǔ 명 호랑이 | 老鼠 lǎoshǔ 명 쥐 | 兔子 tùzi 명 토끼 | 龙 lóng 명 용 | 蛇 shé 명 뱀 | 猴子 hóuzi 명 원숭이 | 鸡 jī 명 닭

➕ **动物**园 dòngwùyuán 명 동물원

运动 yùndòng

运 yùn 통 운동하다
动 dòng 통 움직이다

명 운동, 스포츠
통 운동하다

爷爷每天早上都**运动**。 동사 용법
Yéye měitiān zǎoshang dōu yùndòng.
할아버지는 매일 아침 운동하신다.

➕ **运动**场 yùndòngchǎng 명 운동장 | **运动**服 yùndòngfú 명 운동복 | **运动**鞋 yùndòngxié 명 운동화

自动 zìdòng

自 zì 부 자연히, 저절로
动 dòng 통 움직이다

형 (기계에 의한) 자동의, 자동적인

门**自动**地开了。 문이 자동으로 열렸다.
Mén zìdòng de kāi le.

自动门
zìdòngmén
자동문

自动售货机
zìdòng shòuhuòjī
자동판매기

自动取款机
zìdòng qǔkuǎnjī
자동현금지급기, ATM

107

对
duì

又 또, 다시 + 寸 마디
그를 또(又) 대할(对) 마음이 손가락 한 마디(寸)만큼도 없네요.

- 图 대하다, 응하다 对不起 | 对话 ▶ p.126
- 图 맞은편의, 반대편의 对面 ▶ p.126
- 图 ~에 대해, ~에게

我**对**学中文感兴趣。 ▶개사 용법
Wǒ duì xué Zhōngwén gǎn xìngqù.
나는 중국어 공부에 흥미가 있다.

» 中文 Zhōngwén 고유 중국의 언어와 문자, 중국어 | 感 gǎn 图 느끼다 |
兴趣 xìngqù 图 흥미

对……感兴趣
duì……gǎn xìngqù
~에 흥미가 있다

对……产生兴趣
duì……chǎnshēng xìngqù
~에 흥미가 생기다

» 产生 chǎnshēng 图 생기다

对不起
duìbuqǐ

对 duì 图 대하다, 응하다
不 bù 튄 [부정을 나타냄] ▶ p.105
起 qǐ 图 [동사 뒤에 쓰여 역량이 충분한지 아닌지를 나타냄]

图 미안합니다, 죄송합니다[→对得起 duìdeqǐ]

对不起，我迟到了。 죄송합니다. 제가 늦었습니다.
Duìbuqǐ, wǒ chídào le.

» 迟到 chídào 동 지각하다

对话 duìhuà

对 duì 동 대하다, 응하다
话 huà 명 말, 언어

명 대화
동 대화하다

我非常喜欢小说里的这句对话。 ▸명사 용법
Wǒ fēicháng xǐhuan xiǎoshuō li de zhè jù duìhuà.
나는 소설 속의 이 대화를 가장 좋아한다.

» 小说 xiǎoshuō 명 소설 | 句 jù 양 마디, 구, 편[언어나 시문을 셀 때 쓰임]

对面 duìmiàn

对 duì 형 맞은편의, 반대편의
面 miàn 접미 방면, 쪽, 편 ▸ p.159

명 맞은편, 반대편

我家对面有一个地铁站。
Wǒ jiā duìmiàn yǒu yí ge dìtiězhàn.
우리 집 맞은편에는 지하철역이 하나 있다.

对面的商店 맞은편 상점
duìmiàn de shāngdiàn

> **Tip** 함께 알아두면 좋은 방위 표현
>
> 前面 qiánmiàn 前边 qiánbian 명 앞(쪽) | 后面 hòumiàn 后边 hòubian 명 뒤(쪽) | 左面 zuǒmiàn 左边 zuǒbian 명 왼쪽, 좌측 | 右面 yòumiàn 右边 yòubian 명 오른쪽, 우측 | 上面 shàngmiàn 上边 shàngbian 명 위(쪽) | 下面 xiàmiàn 下边 xiàbian 명 아래(쪽)

108

放
fàng

方 방향 + 攵 치다
여러 방향(方)에서 채찍을 내리치며(攵) 가축들을 한 곳에 놓아요(放).

동 ❶ (어떤 위치에) 놓다, 두다[↔拿 ná ▶ p.70] 放心
❷ 놓아주다, 풀어 주다
❸ (학교나 직장이) 파하다, 쉬다 放假 ▶ p.128
❹ 방영하다, 방송하다

请把东西放在这儿。 물건을 이곳에 두세요. ・동사1 용법
Qǐng bǎ dōngxi fàng zài zhèr.
» 把 bǎ 개 ~를

放电影 영화를 상영하다
fàng diànyǐng
» 电影 diànyǐng 명 영화

➕ 放学 fàngxué 동 학교가 파하다, 수업을 마치다

放心
fàngxīn

放 fàng 동 놓다, 두다
心 xīn 명 마음, 생각 ▶ p.202

동 마음을 놓다, 안심하다[↔担心 dānxīn ▶ p.202]

放心吧! 肯定没事。 걱정 마세요! 분명 괜찮을 거예요.
Fàngxīn ba! kěndìng méishì.
» 肯定 kěndìng 부 확실히, 분명 | 没事 méishì 동 상관없다, 괜찮다

放不下心 마음을 놓을 수 없다
fàng bu xià xīn

> **Tip** 한 글자씩 쪼개어 이해하는 '放心'
>
> '放心'의 한자음이 '방심'이라고 해서 '방심하다'라는 뜻으로 오해하지 않도록 주의하세요. 한 글자씩 쪼개어 보면 '동사(放)+목적어(心)' 구조의 이합사로, '마음을 놓다[=안심하다]'라는 뜻임을 알 수 있습니다.

放假 fàngjià

放 fàng 동 (학교나 직장이) 파하다, 쉬다
假 jià 명 휴가, 휴일

동 방학하다, (학교나 직장이) 휴가로 쉬다

学校从明天开始放假。 학교는 내일부터 방학이다.
Xuéxiào cóng míngtiān kāishǐ fàngjià.

» 从……开始 cóng……kāishǐ ~부터 시작하다

放暑假 여름방학을 하다　　**放寒假** 겨울방학을 하다
fàng shǔjià　　　　　　　　fàng hánjià

» 暑假 shǔjià 명 여름방학 ｜ 寒假 hánjià 명 겨울방학

> **Tip** 이합사 '放假'
> '放假' 역시 '동사+목적어' 구조의 이합사입니다. '사흘간 휴가다'
> 는 '放假3天 fàngjià sān tiān' 혹은 '放3天假 fàng sān tiān jià'라
> 고 표현하는데, 전자는 보통 문어체로, 후자는 대개 구어체로 사용
> 됩니다.

109

感 gǎn

咸 짜다 + 心 마음
음식의 짠(咸)맛을 혀뿐 아니라 마음(心)으로도 느껴요(感).

동 ❶ 느끼다, 생각하다　感兴趣
　　❷ 감기에 걸리다　感冒
　　❸ 감사하다, 고맙게 여기다
　　❹ 감동하다
명 감각, 감정

我感到很冷。 나는 추위를 느꼈다.　→ 동사1 용법
Wǒ gǎndào hěn lěng.

» 感到 gǎndào 동 느끼다 ｜ 冷 lěng 형 춥다

✚ **感谢** gǎnxiè 동 감사하다, 고맙게 여기다 | **好感** hǎogǎn 명 호감, 좋은 감정 | **感动** gǎndòng 동 감동하다, 감동시키다

感兴趣
gǎn xìngqù

感 gǎn 동 느끼다
兴趣 xìngqù 명 흥미

흥미를 느끼다

我对打篮球**感兴趣**。 나는 농구에 흥미가 있다.
Wǒ duì dǎ lánqiú gǎn xìngqù.

> **Tip** ~에 흥미를 느끼다
> '~에 흥미를 느끼다'는 개사 '对'를 써서 '对……感兴趣' 형태로 표현합니다.

感冒
gǎnmào

感 gǎn 동 감기에 걸리다
冒 mào 동 내뿜다, 무릅쓰다

명 감기
동 감기에 걸리다

我昨天**感冒**了。 나는 어제 감기에 걸렸다. → 동사 용법
Wǒ zuótiān gǎnmào le.

✚ **感冒**药 gǎnmàoyào 명 감기약

高 gāo

高 성 위에 높이 치솟은 망루의 모양을 본뜬 글자

혱 (높이, 등급 등이) 높다 高速公路 | 高兴 | 提高

弟弟的个子非常高。 남동생의 키는 매우 크다.
Dìdi de gèzi fēicháng gāo.

» 弟弟 dìdi 몡 남동생 | 个子 gèzi 몡 키

➕ 高个子 gāogèzi 몡 큰 키, 키다리 | 高中 gāozhōng 몡 고등학교

高速公路 gāosù gōnglù

高 gāo 혱 높다
速 sù 몡 속도
公 gōng 혱 공공의 p.132
路 lù 몡 도로, 길

몡 고속도로

高速公路上车很多。 고속도로에 차가 많다.
Gāosù gōnglù shang chē hěn duō.

> **Tip** '高速公路'의 준말 '高速'
> 중국인들은 일상 대화에서 흔히 '高速公路'를 줄여 '高速'라고 말합니다. 택시를 타거나 운전을 할 때, '고속도로로 갑시다.'라는 말은 '我们走高速吧。Wǒmen zǒu gāosù ba.'와 같이 할 수 있습니다.

高兴 gāoxìng

高 gāo 혱 높다
兴 xìng 몡 흥(미), 흥취

혱 기쁘다, 즐겁다

认识你很高兴。 당신을 알게 되어 기쁩니다.
Rènshi nǐ hěn gāoxìng.

» 认识 rènshi 동 알다, 인식하다

高兴得很	高兴极了	高兴的样子
gāoxìng de hěn	gāoxìng jí le	gāoxìng de yàngzi
매우 기쁘다	너무 기쁘다	즐거운 모습

» ……极了 jí le 너무[몹시] ~하다 | 样子 yàngzi 명 모양, 모습

提高
tígāo

提 tí 동 끌어올리다, 높이다
高 gāo 형 높다

동 향상시키다, 높이다, 향상되다

她的成绩提高得很快。
Tā de chéngjì tígāo de hěn kuài.
그녀의 성적은 빠르게 향상되었다.

» 成绩 chéngjì 명 성적 | 快 kuài 형 빠르다

提高水平 수준을 높이다	提高质量 품질을 높이다
tígāo shuǐpíng	tígāo zhìliàng

» 水平 shuǐpíng 명 수준 | 质量 zhìliàng 명 품질, 질

> **Tip** 자동사이자 타동사인 '提高'
>
> 중국어 동사들은 대부분 자동사와 타동사를 겸하고 있어서 영어처럼 자동사, 타동사를 구분해 공부하지 않아도 됩니다. '提高' 역시 뒤에 목적어가 있으면 '높이다, 향상시키다', 목적어가 없으면 '향상되다'라고 해석하면 돼요.

DAY · 14   TRACK 14

111

公
gōng

八 여덟 + ム 사사롭다
여덟(八) 명이 사사로움(ム)에 연연하지 않고 공평하게(公) 나눴어요.

- 형 ❶ 공공의 公共汽车 | 公司 | 公园 | 高速公路 ▶ p.130
     ❷ 공평하다
     ❸ 세계 공통의 公斤
- 명 공무, 사무 办公室 ▶ p.96

➕ 公用电话 gōngyòng diànhuà 명 공중전화 | 公寓 gōngyù
   명 아파트

公共汽车
gōnggòng qìchē

公 gōng 형 공공의
共 gòng 형 공통의
汽 qì 명 증기, 김
车 chē 명 차 ▶ p.39

명 버스[=公交车 gōngjiāochē]

我每天坐公共汽车上班。
Wǒ měitiān zuò gōnggòng qìchē shàngbān.
나는 매일 버스를 타고 출근한다.

坐公共汽车 버스를 타다
zuò gōnggòng qìchē

> **Tip** '버스'의 또 다른 표현 '公交车'
> 중국인들은 실제 대화에서 '버스'를 언급할 때, '公共汽车'보다
> '公交车'를 더 자주 씁니다.

★ 车站 chēzhàn 명 정류장

gōngsī

公 gōng 형 공공의
司 sī 명 국, 부

명 회사

我们公司在7楼。 우리 회사는 7층에 있다.
Wǒmen gōngsī zài qī lóu.

» 楼 lóu 명 층

+ 总公司 zǒnggōngsī 명 본사 | 分公司 fēngōngsī 명 지점, 지사 | 贵公司 guì gōngsī 귀사

★ 司机 sījī 명 운전기사 ▶ p.140

gōngyuán

公 gōng 형 공공의
园 yuán 명 유람하고 오락하는 장소

명 공원

我喜欢在公园骑自行车。
Wǒ xǐhuan zài gōngyuán qí zìxíngchē.
나는 공원에서 자전거 타는 것을 좋아한다.

+ 天坛公园 Tiāntán Gōngyuán 고유 티앤탄 공원[명·청 황제가 하늘에 제사를 지내던 제단이 있는 베이징의 한 공원]

公斤
gōngjīn

公 gōng 형 세계 공통의
斤 jīn 양 근[무게의 단위]

양 킬로그램(kg)

我最近吃得太多了，长了5公斤。
Wǒ zuìjìn chī de tài duō le, zhǎngle wǔ gōngjīn.
나는 최근에 너무 많이 먹어서 5킬로그램이 늘었다.

» 长 zhǎng 동 생기다, 자라다

➕ 公里 gōnglǐ 명 킬로미터(km)

关 guān

부수: 八 여덟
중국인은 8(八)을 상서로운 숫자로 여겨 중요하게 관계된(关) 것에 '八'이라는 부수를 썼나 봐요.

동 ❶ (열린 것을) 닫다, (켜진 것을) 끄다 [↔ 开 kāi ▶ p.151]
❷ 관계되다 关系 | 关心 | 关于

下雨了，快把窗户关上吧。→ 동사1 용법
Xià yǔ le, kuài bǎ chuānghu guānshàng ba.
비가 오네. 빨리 창문 닫아.

» 下雨 xià yǔ 비가 내리다 | 快 kuài 부 빨리 | 窗户 chuānghu 명 창문

➕ 关机 guānjī 동 (기계의) 전원을 끄다 | 关灯 guān dēng 전등을 끄다 | 开关 kāiguān 명 스위치, 밸브

关系 guānxi

关 guān 동 관계되다
系 xì 동 연결하다 명 계통

명 관계

我们两个人的关系非常好。
Wǒmen liǎng ge rén de guānxi fēicháng hǎo.
우리 두 사람의 관계는 매우 좋다.

没**关系** 괜찮다, 상관없다
méi guānxi

guānxīn

关 guān 동 관계되다
心 xīn 명 마음, 생각 ▶ p.202

동 (사람이나 사물에 대해) 관심을 갖다

老师非常**关心**学生们。
Lǎoshī fēicháng guānxīn xuéshengmen.
선생님은 학생들에게 무척 관심을 갖는다.

关心孩子 아이에 관심을 갖다
guānxīn háizi

> **Tip** 정도부사+关心
> 대체로 동사는 '很', '非常' 등 정도부사의 수식을 받지 못하지만, '关心'과 같이 감정을 나타내는 '심리동사'는 정도부사의 수식을 받을 수 있습니다.

guānyú

关 guān 동 관계되다
于 yú 개 ~에 대해

개 ~에 관하여

关于这个问题，你有什么想法？
Guānyú zhège wèntí, nǐ yǒu shénme xiǎngfǎ?
이 문제에 관해 너는 어떤 생각을 가지고 있니?

» 问题 wèntí 명 문제, 질문 | 想法 xiǎngfǎ 명 생각, 의견

欢 huān

> 又 또, 다시 + 欠 하품
> 기쁜 일이 또(又) 생기니 하품(欠)하듯 입을 크게 벌리고 즐거워해요 (欢).

형 기쁘다, 즐겁다 欢迎 | 喜欢

欢迎 huānyíng

> 欢 huān 형 기쁘다, 즐겁다
> 迎 yíng 동 맞이하다

동 환영하다

欢迎你来到韩国。 한국에 오신 것을 환영합니다.
Huānyíng nǐ láidào Hánguó.

欢迎光临! 어서 오세요! 왕림을 환영합니다!
Huānyíng guānglín!
» 光临 guānglín 동 광림하다, 왕림하다[경어]

受**欢迎** 인기 있다
shòu huānyíng
» 受 shòu 동 받다

喜欢 xǐhuan

> 喜 xǐ 형 기쁘다, 즐겁다
> 欢 huān 형 기쁘다, 즐겁다

동 좋아하다

我**喜欢**喝牛奶。 나는 우유 마시는 것을 좋아한다.
Wǒ xǐhuan hē niúnǎi.
» 牛奶 niúnǎi 명 우유

喜欢唱歌 노래 부르기를 좋아하다
xǐhuan chàng gē
» 唱歌 chàng gē 노래하다

喜欢跳舞 춤추기를 좋아하다
xǐhuan tiàowǔ

» 跳舞 tiàowǔ 동 춤을 추다

114

回
huí

口 입 + 口 에워싸다
입(口)을 에워싼(口) 다음에 원래 있던 곳으로 되돌려(回) 보냈어요.

동 ❶ (원래의 곳으로) 돌아오다, 돌아가다
　　❷ 대답하다, 회답하다 回答

我明天回中国。 → 동사1 용법
Wǒ míngtiān huí Zhōngguó.
나는 내일 중국으로 돌아간다.

➕ 回来 huílái 동 돌아오다 | 回去 huíqù 동 돌아가다 | 回家 huí jiā 집으로 돌아가다 | 回国 huíguó 동 귀국하다

回答
huídá

回 huí 동 대답하다, 회답하다
答 dá 동 대답하다

동 대답하다, 응답하다
명 대답, 응답

请回答我的问题。 제 질문에 대답해 주세요. → 동사 용법
Qǐng huídá wǒ de wèntí.

回答问题 질문에 대답하다
huídá wèntí

115

huì

人 사람 + 云 구름
사람(人)이 구름(云) 때처럼 모여(会) 모임(会)을 만들어요.

[조동] ❶ (배워서) ~할 수 있다, ~할 줄 안다
❷ ~할 가능성이 있다, ~할 것이다
[동] 모이다 会议
[양] 짧은 시간, 잠깐 동안 一会儿
[명] ❶ 회, 모임
❷ 시기, 기회 机会 ▶ p.141

我会说中文，但不会说日文。→ 조동사1 용법
Wǒ huì shuō Zhōngwén, dàn bú huì shuō Rìwén.
나는 중국어는 할 줄 알지만, 일본어는 못한다.
» 日文 Rìwén [고유] 일본어

✚ 会场 huìchǎng [명] 회의장 | 会长 huìzhǎng [명] 회장 | 开会 kāihuì [동] 회의를 열다 | 聚会 jùhuì [명] 모임 [동] 모이다 | 机会 jīhuì [명] 시기, 기회 ▶ p.141

huìyì

会 huì [동] 모이다
议 yì [동] 의논하다

[명] 회의

我参加了昨天的会议。 나는 어제 회의에 참가했다.
Wǒ cānjiāle zuótiān de huìyì.
» 参加 cānjiā [동] 참가하다

参加会议 회의에 참가하다
cānjiā huìyì

一会儿
yíhuìr

一 yī ㈜ 1, 하나
会儿 huìr 옝 짧은 시간, 잠깐 동안

㈜량 잠시, 잠깐 동안

我想休息一会儿。 나는 좀 쉬고 싶다.
Wǒ xiǎng xiūxi yíhuìr.

不一会儿 머지않아, 곧
bù yíhuìr

等一会儿 좀 기다리다
děng yíhuìr

> **Tip** 제대로 이해하는 '不一会儿'
> '不一会儿'은 '一会儿'의 부정형이 아니에요. '一会儿'보다 더 짧은 시간을 나타내요.

116

机
jī

木 나무 + 几 몇
나무(木)를 몇(几) 개 이용해서 기계(机)를 만들어요.

명 ❶ 기계 飞机 | 司机 ▶ p.140
　　❷ 비행기 机场 ▶ p.140
　　❸ 시기, 기회 机会 ▶ p.141

✚ 手机 shǒujī 명 휴대전화 ▶ p.185 | 照相机 zhàoxiàngjī 명 사진기, 카메라 ▶ p.217 | 洗衣机 xǐyījī 명 세탁기

飞机
fēijī

飞 fēi 통 날다
机 jī 명 기계, 비행기

명 비행기

飞机马上就要起飞了。 비행기가 곧 이륙합니다.
Fēijī mǎshàng jiù yào qǐfēi le.

» 马上 mǎshàng 🖹 바로, 즉시, 곧 | 就要……了 jiù yào……le 곧 [머지않아] ~한다 | 起飞 qǐfēi 🖹 (비행기가) 이륙하다

★ 机票 jīpiào 🖹 비행기 표

司机
sījī

司 sī 🖹 주관하다, 담당하다
机 jī 🖹 기계

🖹 운전기사

我的爸爸是一名公共汽车司机。
Wǒ de bàba shì yì míng gōnggòng qìchē sījī.
우리 아빠는 버스 운전기사이시다.

» 名 míng 🖹 명[사람을 셀 때 쓰임]

出租车司机 택시 기사　　公共汽车司机 버스 기사
chūzūchē sījī　　　　　　gōnggòng qìchē sījī

机场
jīchǎng

机 jī 🖹 비행기
场 chǎng 🖹 장소

🖹 공항

机场离这儿很远。 공항은 여기에서 멀다.
Jīchǎng lí zhèr hěn yuǎn.

» 离 lí 🖹 ~에서, ~로부터 | 远 yuǎn 🖹 (공간적, 시간적으로) 멀다

> **Tip** 시험에 자주 출제되는 '机场'
>
> '机场'은 新HSK에서 장소를 묻는 문제에 자주 등장하는 단어이자 일상에서도 많이 쓰는 단어입니다. 공항에서 꼭 필요한 '机票 jīpiào 비행기 표'와 '登机牌 dēngjīpái 탑승권'도 함께 외워 두세요.

★ 场**地** chǎngdì 몡 장소, 운동장

机会
jīhuì

机 jī 몡 기회, 때
会 huì 몡 시기, 기회

몡 시기, 기회

这是一个好**机会**。 이것은 좋은 기회이다.
Zhè shì yí ge hǎo jīhuì.

好**机会** 좋은 기회
hǎo jīhuì

有**机会** 기회가 있다, 기회가 되다
yǒu jīhuì

找**机会** 기회를 찾다
zhǎo jīhuì

抓住**机会** 기회를 잡다
zhuāzhu jīhuì

» 抓住 zhuāzhu 붙잡다, 움켜잡다

117

记
jì

讠(言) 말씀 + 己 자신
말(讠)은 먼저 자신(己)이 기억해야(记) 해요.

동 ❶ 기억하다, 외우다 记得 ▶ p.142 | 忘记 ▶ p.142
   ❷ 기록하다, 적다 笔记本 ▶ p.143
몡 필기, 기록

他**记**住了妈妈说的话。 →동사1 용법
Tā jìzhule māma shuō de huà.
그는 엄마의 말을 기억했다.

» 记住 jìzhu 확실히 기억해 두다

➕ **记者** jìzhě 몡 기자 | **记录** jìlù 동 적다, 기록하다 몡 기록 |
   记忆 jìyì 몡동 기억(하다)

记得
jìde

> 记 jì 동 기억하다
> 得 de 접미 [지각(知覺)과 관련된 몇몇 동사 뒤에 쓰임]

동 기억하고 있다

我记得他以前很胖。
Wǒ jìde tā yǐqián hěn pàng.
나는 그가 예전에 뚱뚱했던 것으로 기억하고 있다.

» 胖 pàng 형 뚱뚱하다, 살찌다

记得清楚 똑똑히 기억하고 있다
jìde qīngchu

» 清楚 qīngchu 형 분명하다, 뚜렷하다

不记得 기억하지 못하다
bú jìde

忘记
wàngjì

> 忘 wàng 동 잊다
> 记 jì 동 기억하다

동 잊어버리다

我忘记了小王的电话号码。
Wǒ wàngjìle Xiǎo Wáng de diànhuà hàomǎ.
나는 샤오왕의 전화번호를 잊어버렸다.

忘记带手机 휴대전화 챙기는 것을 깜박하다
wàngjì dài shǒujī

» 带 dài 동 지니다, 휴대하다

忘记过去 과거를 잊다
wàngjì guòqù

» 过去 guòqù 명 과거

> **Tip** 忘记+명사/동사(구)
>
> '忘记'는 목적어로 명사를 갖기도 하고, '带手机'와 같은 동사(구)를 목적어로 갖기도 합니다. '휴대전화 챙기는 걸 깜박했다'는 '忘记手机'가 아니라 '忘记带手机'임에 주의하세요!

笔 bǐ 명 필기도구, 펜 ▶ p.37
记 jì 동 기록하다
本 běn 명 책, 공책

명 노트북 컴퓨터[=笔记本电脑 bǐjìběn diànnǎo]

你的笔记本是在哪儿买的?
Nǐ de bǐjìběn shì zài nǎr mǎi de?
네 노트북은 어디에서 산 거니?

» 哪儿 nǎr 대 어디, 어느 곳

★ **本子** běnzi 명 공책, 노트

> **Tip** 필기하는 '노트'는 '本子'
>
> 사전상 '笔记本'에 '(필기용) 노트'라는 뜻도 있기는 하지만, 중국인들은 일반적으로 '노트북 컴퓨터'를 떠올립니다. 필기할 때 쓰는 '공책, 노트'는 주로 '本子'라고 말해요.

SPEED CHECK

STEP 1 한국어 뜻을 보고, 그에 해당하는 중국어 단어를 말해 보세요.

- ☐ 끄덕이다, 주문하다, 약간, 점, 방면, 간식, 일정한 위치
- ☐ 음식을 주문하다
- ☐ 조금, 약간
- ☐ 중점, 핵심, 중요하다, 중점적이다
- ☐ (사람, 사물이) 움직이다, 행동하다
- ☐ 동물
- ☐ 운동, 스포츠, 운동하다
- ☐ (기계에 의한) 자동의, 자동적인
- ☐ 대하다, 맞은편의, ~에 대해, ~에게
- ☐ 미안합니다, 죄송합니다
- ☐ 대화(하다)
- ☐ 맞은편, 반대편
- ☐ 놓다, 놓아주다, 쉬다, 방영하다
- ☐ 마음을 놓다, 안심하다
- ☐ 방학하다, (학교나 직장이) 휴가로 쉬다
- ☐ 느끼다, 감기에 걸리다, 감사하다, 감동하다, 감각
- ☐ 흥미를 느끼다
- ☐ 감기(에 걸리다)
- ☐ (높이, 등급 등이) 높다
- ☐ 고속도로
- ☐ 기쁘다, 즐겁다
- ☐ 향상시키다, 높이다, 향상되다
- ☐ 공공의, 공평하다, 세계 공통의, 공무, 사무
- ☐ 버스
- ☐ 회사
- ☐ 공원
- ☐ 킬로그램(kg)
- ☐ (열린 것을) 닫다, (켜진 것을) 끄다, 관계되다
- ☐ 관계
- ☐ (사람이나 사물에 대해) 관심을 갖다
- ☐ ~에 관하여
- ☐ 즐겁다, 기쁘다
- ☐ 환영하다
- ☐ 좋아하다
- ☐ 돌아오다, 돌아가다, 대답하다
- ☐ 대답(하다), 응답(하다)
- ☐ ~할 수 있다, 모이다, 짧은 시간, 모임, 시기
- ☐ 회의
- ☐ 잠시, 잠깐 동안
- ☐ 기계, 비행기, 기회, 때
- ☐ 비행기
- ☐ 운전기사
- ☐ 공항
- ☐ 기회
- ☐ 기억하다, 기록하다, 필기
- ☐ 기억하고 있다
- ☐ 잊어버리다
- ☐ 노트북 컴퓨터

SPEED CHECK

STEP 2 중국어 단어를 보고, 그에 해당하는 한국어 뜻을 말해 보세요.

- ☐ 点 diǎn
- ☐ 点菜 diǎncài
- ☐ 一点(儿) yìdiǎn(r)
- ☐ 重点 zhòngdiǎn
- ☐ 动 dòng
- ☐ 动物 dòngwù
- ☐ 运动 yùndòng
- ☐ 自动 zìdòng
- ☐ 对 duì
- ☐ 对不起 duìbuqǐ
- ☐ 对话 duìhuà
- ☐ 对面 duìmiàn
- ☐ 放 fàng
- ☐ 放心 fàngxīn
- ☐ 放假 fàngjià
- ☐ 感 gǎn
- ☐ 感兴趣 gǎn xìngqù
- ☐ 感冒 gǎnmào
- ☐ 高 gāo
- ☐ 高速公路 gāosù gōnglù
- ☐ 高兴 gāoxìng
- ☐ 提高 tígāo
- ☐ 公 gōng
- ☐ 公共汽车 gōnggòng qìchē

- ☐ 公司 gōngsī
- ☐ 公园 gōngyuán
- ☐ 公斤 gōngjīn
- ☐ 关 guān
- ☐ 关系 guānxi
- ☐ 关心 guānxīn
- ☐ 关于 guānyú
- ☐ 欢 huān
- ☐ 欢迎 huānyíng
- ☐ 喜欢 xǐhuan
- ☐ 回 huí
- ☐ 回答 huídá
- ☐ 会 huì
- ☐ 会议 huìyì
- ☐ 一会儿 yíhuìr
- ☐ 机 jī
- ☐ 飞机 fēijī
- ☐ 司机 sījī
- ☐ 机场 jīchǎng
- ☐ 机会 jīhuì
- ☐ 记 jì
- ☐ 记得 jìde
- ☐ 忘记 wàngjì
- ☐ 笔记本 bǐjìběn

DAY · 15 TRACK 15

118

结
jiē / jié

纟(糸)실 + 士 선비 + 口 입
실(纟)을 이용해 선비(士)가 하는 말(口)을 묶어요(结).

jiē 동 (열매나 씨앗이) 열리다, 맺다
jié 동 ❶ 매다, 묶다
　　　 ❷ (관계를) 맺다, 결합하다 结婚
　　　 ❸ 끝나다, 결말이 나다 结束

今年这棵树上结了很多果实。→jiē 용법
Jīnnián zhè kē shù shang jiēle hěn duō guǒshí.
올해 이 나무에 많은 열매가 열렸다.

》 今年 jīnnián 명 올해 | 棵 kē 양 그루[나무를 셀 때 쓰임] | 树 shù 명 나무 | 果实 guǒshí 명 과실, 열매

➕ 结果 jiéguǒ 명 결과 | 结账 jiézhàng 동 계산하다, 결산하다

结婚
jiéhūn

结 jié 동 (관계를) 맺다, 결합하다
婚 hūn 명 혼인

동 결혼하다[↔离婚 líhūn]

我想明年结婚。 나는 내년에 결혼하고 싶다.
Wǒ xiǎng míngnián jiéhūn.

结婚生活 결혼 생활　　　**结婚**戒指 결혼 반지
jiéhūn shēnghuó　　　　　jiéhūn jièzhi

》 生活 shēnghuó 명 생활 | 戒指 jièzhi 명 반지

> **Tip** 이합사 '结婚'
> 이합사 '结婚'은 개사 '跟 gēn'이나 '和 hé'와 함께 쓰며 목적어를 갖지 않습니다. 다시 말해 '~와 결혼하다'는 '跟/和……结婚'으로 표현합니다.

结束
jiéshù

结 jié 통 끝나다, 결말이 나다
束 shù 통 묶다, 매다

통 끝나다, 마치다, 끝내다

比赛结束了，我们队赢了。
Bǐsài jiéshù le, wǒmen duì yíng le.
경기는 끝났고, 우리 팀이 이겼다.

» 队 duì 명 팀 | 赢 yíng 통 이기다, 승리하다

考试结束 시험이 끝나다 **比赛结束** 시합이 끝나다
kǎoshì jiéshù   bǐsài jiéshù

» 考试 kǎoshì 명 통 시험(을 보다)

> **Tip** 주로 자동사로 쓰이는 '结束'
> '结束'는 자동사로도 쓰이고 타동사로도 쓰이지만, 주로 자동사로 쓰입니다.

119

节
jié

부수: 艹 풀
풀(艹)에도 마디(节)가 있어요.

명 ❶ (물체의) 마디
　　❷ 사항, 항목　节目 ▶ p.148
　　❸ 명절, 절기　季节 ▶ p.148 | 节日 ▶ p.149
통 아끼다, 절약하다

今年的母亲节买什么礼物好呢？ → 명사3 용법
Jīnnián de Mǔqīn Jié mǎi shénme lǐwù hǎo ne?
올해 어머니의 날에는 어떤 선물을 사는 것이 좋을까?

» 母亲节 Mǔqīn Jié 고유 어머니의 날

> **Tip** 중국의 어버이날
>
> 중국에는 우리나라에 어버이날이 하루 있는 것과 달리 '어머니의 날'과 '아버지의 날'이 따로 있습니다. '母亲节 Mǔqīn Jié'는 매년 5월 두 번째 일요일이고, '父亲节 Fùqīn Jié'는 매년 6월 세 번째 일요일입니다.

✚ 节约 jiéyuē 동 절약하다 | 节电 jiédiàn 동 절전하다

节目
jiémù

节 jié 명 사항, 항목
目 mù 명 목록

명 (문예나 방송 등의) 프로그램

今天是星期六，有什么好看的电视节目吗?
Jīntiān shì xīngqīliù, yǒu shénme hǎokàn de diànshì jiémù ma?
오늘은 토요일인데, 뭐 재미있는 텔레비전 프로그램 있어?

» 星期六 xīngqīliù 명 토요일 | 好看 hǎokàn 형 (내용이) 재미있다
电视 diànshì 명 텔레비전

电视节目 텔레비전 프로그램
diànshì jiémù

★ 目的 mùdì 명 목적

季节
jìjié

季 jì 명 계절, 절기
节 jié 명 명절, 절기

명 계절

你最喜欢哪个季节? 너는 어느 계절을 가장 좋아하니?
Nǐ zuì xǐhuan nǎge jìjié?

» 哪个 nǎge 대 어느 (것)

节日
jiérì

节 jié 명 명절, 절기
日 rì 명 (어떤 특정한) 날

명 기념일, 명절

春节是中国人传统的节日。
Chūnjié shì Zhōngguórén chuántǒng de jiérì.
춘지에는 중국인의 전통 명절이다.

» 春节 Chūnjié 고유 춘지에 | 传统 chuántǒng 형 전통적이다

> **Tip** '节'로 끝나는 중국의 주요 명절·기념일
>
> 春节 Chūnjié 고유 (음력 1월 1일) 춘지에, 설 | 劳动节 Láodòng Jié 고유 (5월 1일) 라오둥지에, 노동절[=五一 Wǔ Yī] | 端午节 Duānwǔ Jié 고유 (음력 5월 5일) 똰우지에, 단오절 | 清明节 Qīngmíng Jié 고유 (양력 4월 5일 혹은 4월 6일) 칭밍지에, 청명절 | 国庆节 Guóqìng Jié 고유 (10월 1일) 궈칭지에, 국경절[=十一 Shí Yī] | 中秋节 Zhōngqiū Jié 고유 (음력 8월 15일) 중치우지에, 추석 | 圣诞节 Shèngdàn Jié 고유 크리스마스

★ 日子 rìzi 명 날(짜) | 日记 rìjì 명 일기

jué

부수: 冫 얼음

얼음(冫)처럼 차갑게 내려야 하는 결정(决)!

동 결정하다　解决 ▶ p.150 | 决定 ▶ p.150
부 절대로, 결코

我决不能把这件事告诉他。 → 부사 용법
Wǒ jué bù néng bǎ zhè jiàn shì gàosu tā.
나는 이 일을 절대로 그에게 알려줄 수 없다.

» 告诉 gàosu 동 알리다, 말하다

＋ 决赛 juésài 명 결승전 | 决心 juéxīn 명동 결심(하다)

解决 jiějué

解 jiě 통 풀다
决 jué 통 결정하다

통 해결하다

他想出了解决办法。 그는 해결 방법을 생각해 냈다.
Tā xiǎngchule jiějué bànfǎ.
» 办法 bànfǎ 명 방법

解决问题 문제를 해결하다   解决办法 해결책, 해결 방법
jiějué wèntí   jiějué bànfǎ

决定 juédìng

决 jué 통 결정하다
定 dìng 통 정하다

통 결정하다
명 결정

她决定明年去中国留学。 • 동사 용법
Tā juédìng míngnián qù Zhōngguó liúxué.
그녀는 내년에 중국으로 유학 가기로 결정했다.

» 留学 liúxué 통 유학하다

做出决定 결정을 하다   公司的决定 회사의 결정
zuòchu juédìng   gōngsī de juédìng

> **Tip** 决定+동사(구)
>
> '决定'은 동사로 쓰일 때, 뒤에 주로 동사(구)가 목적어로 옵니다.
> '决定+동사(구)'는 '~하기로 결정하다'라고 해석되지요.
>
> 代表们决定结束会议。
>   Dàibiǎomen juédìng jiéshù huìyì.
>   대표자들은 회의를 마치기로 결정했다.

121

开
kāi

번체자 '開'의 '开'만 따서 만든 간체자

동 ❶ (닫힌 것을) 열다, (꺼진 것을) 켜다[↔关 guān ▶ p.134]
❷ (공연이나 회의 등을) 열다, 시작하다
开始 | 开玩笑 ▶ p.152
❸ (자동차나 기계 등을) 운전하다
❹ (합쳐진 것이) 벌어지다, (꽃이) 피다 离开 ▶ p.154

我的妈妈不会开车。 → 동사3 용법
Wǒ de māma bú huì kāichē.
우리 엄마는 운전을 할 줄 모르신다.

开电视 텔레비전을 켜다   开灯 전등을 켜다
kāi diànshì   kāi dēng

✚ 开车 kāichē 동 운전하다 | 开花 kāihuā 동 꽃이 피다 | 开门
kāimén 동 문을 열다 | 打开 dǎkāi 동 열다, 풀다, 펼치다

开始
kāishǐ

开 kāi 동 열다, 시작하다
始 shǐ 동 시작하다

동 시작하다, 시작되다
명 처음

你从什么时候开始上班? → 동사 용법
Nǐ cóng shénme shíhou kāishǐ shàngbān?
너는 언제부터 출근하니?

开始我不太喜欢他,但后来喜欢上他了。
Kāishǐ wǒ bú tài xǐhuan tā, dàn hòulái xǐhuanshàng tā le.
처음에는 그 사람이 별로였는데, 나중에 좋아졌어. → 명사 용법

» 但 dàn 접 그러나 | 后来 hòulái 명 그 후

DAY 15

CHAPTER 3 핵심 글자와 단어로 실력 다지기 ★ 151

从……开始　　　开始上课
cóng……kāishǐ　　kāishǐ shàngkè
~부터 시작하다　　수업을 시작하다

» 上课 shàngkè 동 수업하다

> **Tip** 开始+동사(구)
> '开始' 뒤에는 '课'와 같은 명사 목적어가 올 수 없고, '上课'와 같은 동사(구) 목적어가 올 수 있습니다.

开玩笑
kāi wánxiào

开 kāi 동 열다, 시작하다
玩笑 wánxiào 명 농담

농담하다

我喜欢开玩笑。 나는 농담하는 것을 좋아한다.
Wǒ xǐhuan kāi wánxiào.

爱开玩笑 농담하는 것을 좋아하다
ài kāi wánxiào

» 爱 ài 동 (~하기를) 좋아하다

考
kǎo

부수: 耂(老) 늙다
늙어서(耂)도 공부하며 시험 볼(考) 거예요.

동 ❶ 시험을 보다　考试
　　❷ 고려하다

昨天的考试考得怎么样? → 동사1 용법
Zuótiān de kǎoshì kǎo de zěnmeyàng?
어제 시험은 어떻게 봤니?

✚ **高考** gāokǎo 몡 중국의 대학 입학시험, 한국의 수능 시험 |
考虑 kǎolǜ 동 고려하다

考试
kǎoshì

考 kǎo 동 시험을 보다
试 shì 몡 시험, 테스트

동 시험을 보다
몡 시험

我为这次**考试**准备了很多。 →명사 용법
Wǒ wèi zhè cì kǎoshì zhǔnbèile hěn duō.
나는 이번 시험을 위해 준비를 많이 했다.

» 为 wèi 개 ~를 위해서 | 次 cì 양 차례, 번, 회 | 准备 zhǔnbèi 동 준비하다

考试成绩 시험 성적
kǎoshì chéngjì

考试题目 시험 문제
kǎoshì tímù

» 题目 tímù 몡 (연습이나 시험의) 문제

参加**考试** 시험을 보다
cānjiā kǎoshì

报名**考试** 시험을 신청하다
bàomíng kǎoshì

» 报名 bàomíng 동 신청하다, 등록하다

> **Tip** 각종 '考试'
>
> 期中**考试** qīzhōng kǎoshì 몡 중간고사 | 期末**考试** qīmò kǎoshì 몡 기말고사 | 模拟**考试** mónǐ kǎoshì 몡 모의고사 | 毕业**考试** bìyè kǎoshì 몡 졸업 시험 | 数学**考试** shùxué kǎoshì 몡 수학 시험

DAY 15

CHAPTER 3 핵심 글자와 단어로 실력 다지기

离
lí

> 宀 돼지머리 + 凶 흉하다 + 冂 발자국
> 돼지(宀)가 밭 농작물을 망쳐(凶) 버린 후 발자국(冂)만 남기고 떠나(离) 버렸어요.

图 떠나다, 분리하다 离开
개 ~에서, ~로부터[공간적, 시간적 거리를 나타낼 때 쓰임]

我家离公司很远。→ 개사 용법
Wǒ jiā lí gōngsī hěn yuǎn.
우리 집은 회사에서 멀다.

> **Tip** '从 cóng'과 '离'
> 개사 '离'는 단순히 장소나 시간의 출발점을 나타내는 '从'과 달리, A라는 지점에서 B라는 지점까지의 '거리' 혹은 '시간'을 나타냅니다. 다시 말해 '我家离公司很远。'은 자연스럽지만, '我家从公司很远。'은 틀린 표현입니다.

➕ 离婚 líhūn 图 이혼하다

离开
líkāi

离 lí 图 떠나다, 분리하다
开 kāi 图 (합쳐진 것이) 벌어지다 ▶ p.151

图 (사람, 사물, 장소를) 떠나다, 벗어나다

我离开家已经很多年了。
Wǒ líkāi jiā yǐjīng hěn duō nián le.
나는 집을 떠난 지 이미 수년이 되었다.

» 已经 yǐjīng 图 이미, 벌써

离开家 집을 떠나다   离开学校 학교를 떠나다
líkāi jiā   líkāi xuéxiào

124

力 lì

力 팔에 힘을 주었을 때 근육이 불거진 모양을 본뜬 글자

명 힘　能力 | 压力
동 노력하다　努力 ▶ p.156

➕ 巧克力 qiǎokèlì 명 초콜릿 | 力气 lìqi 명 (육체적인) 힘, 체력

能力 nénglì

能 néng 명 능력, 수완
力 lì 명 힘

명 능력

他的工作**能力**很强。　그의 업무 능력은 강하다.
Tā de gōngzuò nénglì hěn qiáng.
» 工作 gōngzuò 명 업무, 일 | 强 qiáng 형 강하다

有**能力**　능력이 있다
yǒu nénglì

工作**能力**　업무 능력
gōngzuò nénglì

压力 yālì

压 yā 동 누르다
力 lì 명 힘

명 스트레스, 압력

最近，我在工作上很有**压力**。
Zuìjìn, wǒ zài gōngzuò shang hěn yǒu yālì.
최근 나는 업무상 스트레스가 너무 많다.

工作**压力**　업무 스트레스
gōngzuò yālì

压力很大　스트레스가 크다
yālì hěn dà

努力
nǔlì

努 nǔ 동 노력하다
力 lì 동 노력하다

동 노력하다, 열심히 하다[주로 부사어로 쓰임]
형 열심히

他要**努力**学习中文。
Tā yào nǔlì xuéxí Zhōngwén.
그는 중국어를 열심히 공부하려고 한다.

努力学习
nǔlì xuéxí
열심히 공부하다

努力工作
nǔlì gōngzuò
열심히 일하다

» 工作 gōngzuò 동 일하다

聊
liáo

耳 귀 + 卯 토끼
귀(耳)를 토끼(卯)처럼 쫑긋 세우고 경청해야 친구랑 잡담하는(聊) 것이 재미있어요.

동 한담하다, 잡담하다 聊天 | 无聊

她跟朋友**聊**了很长时间。
Tā gēn péngyou liáole hěn cháng shíjiān.
그녀는 친구와 한참 동안 이야기했다.

» 跟 gēn 개 ~와

➕ 网**聊** wǎngliáo 명 인터넷 채팅

聊天
liáotiān

聊 liáo 동 한담하다, 잡담하다
天 tiān 명 하늘

동 이야기하다, 잡담하다

奶奶正在跟爷爷**聊天**。
Nǎinai zhèngzài gēn yéye liáotiān.
할머니께서는 할아버지와 이야기하는 중이시다.

» 奶奶 nǎinai 몡 할머니 | 爷爷 yéye 몡 할아버지

爱**聊天**　잡담을 좋아하다
ài liáotiān

网上**聊天** / 网**聊**　인터넷 채팅
wǎngshàng liáotiān / wǎngliáo

» 网 wǎng 몡 인터넷

无聊
wúliáo

无 wú 동 없다
聊 liáo 동 한담하다, 잡담하다

형 무료하다, 지루하다

这样的生活很**无聊**。　이러한 생활은 무료하다.
Zhèyàng de shēnghuó hěn wúliáo.

» 这样 zhèyàng 대 이렇다

真**无聊**　정말 심심하다
zhēn wúliáo

无聊的话　시시껄렁한 말, 실없는 소리
wúliáo de huà

DAY · 16   TRACK 16

126

旅 lǚ

方 방향 + 人 사람 + 氏 성씨
같은 방향(方)으로 같은 성씨(氏)의 사람(人)들이 여행(旅)을 가요.

동 여행하다 旅行｜旅游

➕ 旅途 lǚtú 명 여정, 여행길

旅行 lǚxíng

旅 lǚ 동 여행하다
行 xíng 형 여행의, 여행과 관련 있는

동 여행하다[=旅游 lǚyóu]

我上个月去香港旅行了。
Wǒ shàng ge yuè qù Xiānggǎng lǚxíng le.
나는 지난달에 홍콩으로 여행을 갔다.

» 上个月 shàng ge yuè 지난달 ｜ 香港 Xiānggǎng 고유 홍콩

➕ 旅行团 lǚxíngtuán 명 관광단 ｜ 旅行车 lǚxíngchē 명 관광버스

旅游 lǚyóu

旅 lǚ 동 여행하다
游 yóu 동 이리저리 돌아다니다 ▶ p.213

동 여행하다, 관광하다[=旅行 lǚxíng]

爷爷经常去旅游。 할아버지는 자주 여행을 가신다.
Yéye jīngcháng qù lǚyóu.

» 经常 jīngcháng 부 언제나, 늘, 자주

> **Tip** 목적어를 갖지 않는 '旅行'과 '旅游'
> '旅行'과 '旅游'는 모두 자동사로 뒤에 목적어를 가질 수 없으며,
> '去/来/到+장소+旅行/旅游' 형식으로 씁니다.
> 예 去北京旅游 qù Běijīng lǚyóu 베이징으로 여행을 가다 (O)
> 　　旅游北京 (×)

+ 旅游团 lǚyóutuán 명 관광단 | 旅游车 lǚyóuchē 명 관광버스 | 旅游地 lǚyóudì 명 관광지

* 游客 yóukè 명 여행객, 관광객

127

面
miàn

面 사람의 얼굴과 그 윤곽을 나타낸 글자

명 ❶ 얼굴, 낯 见面
　　❷ 방면, 부위
　　❸ 밀가루, 국수 面包 ▶p.160 | 面条 ▶p.160
동 (얼굴을) 맞대다, 대면하다
접미 방면, 쪽, 편[방위사 뒤에 쓰임] 对面 ▶p.126

+ 前面 qiánmiàn 명 앞(쪽) | 后面 hòumiàn 명 뒤(쪽) | 面膜 miànmó 명 마사지 팩 | 面试 miànshì 명동 면접시험(을 보다)

见面
jiànmiàn

见 jiàn 동 만나다
面 miàn 명 얼굴, 낯

동 (서로) 만나다

我刚才跟朋友见面了。 나는 방금 친구와 만났다.
Wǒ gāngcái gēn péngyou jiànmiàn le.

» 刚才 gāngcái 명 방금

初次见面。 처음 뵙겠습니다.
Chū cì jiànmiàn.

> **Tip** 이합사 '见面'
> 일상 회화에서 무척 자주 사용되는 '见面' 역시 이합사 중 하나로, 뒤에 목적어를 가질 수 없습니다. 그럼 '친구를 만나다'는 어떻게 표현할 수 있을까요? 그렇습니다. '见朋友 jiàn péngyou' 혹은 '跟朋友见面 gēn péngyou jiànmiàn'이라고 해야 합니다.

面包 miànbāo

面 miàn 명 밀가루, 국수
包 bāo 명 (싸거나 포장된) 보따리 ▶ p.98

명 빵

我每天早上吃面包。 나는 매일 아침 빵을 먹는다.
Wǒ měitiān zǎoshang chī miànbāo.

+ 烤面包 kǎomiànbāo 명 토스트, 구운 빵 | 面包房 miànbāofáng 面包店 miànbāodiàn 명 빵집, 제과점 | 面包师 miànbāoshī 명 제빵사 | 面包车 miànbāochē 명 승합차, 미니버스

面条 miàntiáo

面 miàn 명 밀가루, 국수
条 tiáo 명 가늘고 긴 것

명 국수

我中午吃了两碗面条。
Wǒ zhōngwǔ chīle liǎng wǎn miàntiáo.
나는 점심에 국수 두 그릇을 먹었다.

» 中午 zhōngwǔ 명 정오 | 碗 wǎn 양 그릇

吃面条 국수를 먹다　　煮面条 국수를 삶다
chī miàntiáo　　　　　zhǔ miàntiáo

» 煮 zhǔ 동 삶다, 끓이다, 익히다

> **Tip** 각종 국수
>
> 冷面 lěngmiàn 명 냉면 | 意大利面 yìdàlìmiàn 스파게티, 파스타 | 拉面 lāmiàn 손으로 직접 쳐서 만든 국수 | 方便面 fāngbiànmiàn 명 (인스턴트) 라면

128

名 míng

夕 저녁 + 口 입

옛날에는 저녁(夕)이 되면 사람이 잘 안 보여서 입(口)으로 자신의 이름(名)을 말했어요.

명 ❶ 이름, 명칭　名字
　　❷ 명성, 명예　有名 ▶ p.216
양 명[사람을 셀 때 쓰임]
형 유명한

➕ 名菜 míngcài 명 유명한 요리 | 名牌 míngpái 명 유명 상표, 명품 | 名牌大学 míngpái dàxué 명 명문 대학 | 名胜古迹 míngshèng gǔjì 명 명승고적 | 名片 míngpiàn 명 명함 | 报名 bàomíng 동 신청하다, 등록하다 | 姓名 xìngmíng 명 성명

名字 míngzi

名 míng 명 이름
字 zì 명 글자

명 이름

你叫什么名字? 너의 이름은 뭐니?
Nǐ jiào shénme míngzi?

» 叫 jiào 동 ~라고 부르다, ~라고 하다

CHAPTER 3 핵심 글자와 단어로 실력 다지기 ★ 161

写名字　　　起名字　　　好名字
xiě míngzi　　qǐ míngzi　　hǎo míngzi
이름을 쓰다　이름을 짓다　좋은 이름

» 写 xiě 동 쓰다 | 起 qǐ 동 기안하다, 초안하다

明
míng

日 해 + 月 달
해(日)와 달(月)이 만나니 밝아요(明).

형 ❶ 밝다, 환하다
　❷ 명백하다, 분명하다
　❸ 눈이 밝다, 눈초리가 예리하다　聪明
동 알다, 이해하다　明白
명 (올해, 오늘의) 다음　明天

✚ 明年 míngnián 명 내년 | 明星 míngxīng 명 유명 스타 | 说明 shuōmíng 동 설명하다 | 三明治 sānmíngzhì 명 샌드위치

聪明
cōngmíng

聪 cōng 형 똑똑하다
明 míng 형 눈이 밝다, 눈초리가 예리하다

형 총명하다, 똑똑하다[↔笨 bèn]

我弟弟是个聪明的孩子。
Wǒ dìdi shì ge cōngming de háizi.
내 남동생은 똑똑한 아이이다.

✚ 聪明人 cōngmíngrén 명 똑똑한 사람, 영리한 사람

明白
míngbai

明 míng 통 알다, 이해하다
白 bái 형 명백하다, 분명하다

통 알다, 이해하다

我不**明白**他的意思。 나는 그의 뜻을 모르겠다.
Wǒ bù míngbai tā de yìsi.
» 意思 yìsi 명 의미, 뜻

终于**明白**了 마침내 이해했다
zhōngyú míngbai le
» 终于 zhōngyú 부 마침내, 드디어

怎么也不**明白** 아무래도 이해하지 못하다
zěnme yě bù míngbai

明天
míngtiān

明 míng 명 (올해, 오늘의) 다음
天 tiān 명 날, 하루 ▶ p.188

명 내일

明天我要去游泳。 내일 나는 수영을 가려고 한다.
Míngtiān wǒ yào qù yóuyǒng.

明天见! 내일 만나요!
Míngtiān jiàn!

从**明天**开始 내일부터 시작해서
cóng míngtiān kāishǐ

明天晚上 내일 저녁
míngtiān wǎnshang
» 晚上 wǎnshang 명 저녁

130

年 nián

'정오'를 뜻하는 '午'가 들어 있어서 '年'은 시간과 관련이 있어요.

명 ❶ 년, 해 年级
　　❷ 나이, 연령 年纪 | 年轻
양 년, 해

一年就这样很快地过去了。 →양사 용법
Yì nián jiù zhèyàng hěn kuài de guòqu le.
1년이 이렇게 빨리 지나갔다.

》 过去 guòqu 동 지나(가)다

➕ 去年 qùnián 명 작년 | 今年 jīnnián 명 올해, 금년 | 明年 míngnián 명 내년

年级 niánjí

年 nián 명 년, 해
级 jí 명 학년

명 학년

他是一个初中一年级的学生。
Tā shì yí ge chūzhōng yī niánjí de xuésheng.
그는 중학교 1학년 학생이다.

》 初中 chūzhōng 명 중학교

高年级 고학년　　低年级 저학년
gāo niánjí　　　　dī niánjí

》 低 dī 형 (높이, 등급, 정도가) 낮다

年纪 niánjì

年 nián 명 나이, 연령
纪 jì 명 연대, 기

명 (사람의) 나이, 연세

您多大年纪了? 연세가 어떻게 되세요?
Nín duō dà niánjì le?

年纪大 나이가 많다
niánjì dà

年纪小 나이가 어리다
niánjì xiǎo

上年纪 나이가 들다, 나이를 먹다
shàng niánjì

» 上 shàng 통 (일정 정도나 수량에) 달하다, 이르다

年轻
niánqīng

年 nián 명 나이, 연령
轻 qīng 형 가볍다, 작다

형 (나이나 용모가) 젊다[→老 lǎo ▶ p.66]

他看起来很年轻。 그는 젊어 보인다.
Tā kàn qǐlai hěn niánqīng.

» 看起来 kàn qǐlai 보아하니 ~인 듯 하다

➕ 年轻人 niánqīngrén 명 젊은이

131

qǐ

走 걷다 + 己 몸
걷기(走) 위해서는 몸(己)을 일으켜야(起) 하죠.

통 ❶ (앉거나 누운 상태에서) 일어나다
起床 ▶ p.166 | 起来 ▶ p.166 | 一起 ▶ p.167
❷ 아래에서 위로 올라가다 起飞 ▶ p.167
❸ [동사 뒤에 쓰여 역량이 충분한지 아닌지를 나타냄]
❹ 기안하다, 초안하다

快点起来，要迟到了。 ・동사1 용법
Kuài diǎn qǐlai, yào chídào le.
빨리 일어나. 지각하겠어.

» 要……了 yào……le 막 ~하려고 한다, ~할 것이다

买得起
mǎi de qǐ
(돈이 있어) 살 수 있다

买不起
mǎi bu qǐ
(돈이 없어) 살 수 없다

> **Tip** 동사+得/不+起
>
> '동사+得/不+起'의 '起'는 '(경제적으로) ~할 능력이 있는가'를 나타냅니다. 즉, 돈이 없어 마음에 드는 옷을 살 수 없을 때, '这件衣服我买不起。Zhè jiàn yīfu wǒ mǎi bu qǐ. 이 옷은 내가 (돈이 없어) 살 수 없다.'라고 말할 수 있습니다.

起床 qǐchuáng

起 qǐ 동 일어나다
床 chuáng 명 침대

동 (잠자리에서) 일어나다, 기상하다

爷爷每天起床起得很早。
Yéye měitiān qǐchuáng qǐ de hěn zǎo.
할아버지는 매일 일찍 일어나신다.

» 早 zǎo 형 이르다, 빠르다

起床时间 기상 시간
qǐchuáng shíjiān

起来 qǐlai

起 qǐ 동 일어나다
来 lái 동 [동사 뒤에 위치해 방향을 나타내는 보어로 쓰임]

동 ❶ (잠자리에서) 일어나다, 기상하다
❷ 일어서다, 일어나 앉다
❸ [동사나 형용사 뒤에 보어로 쓰여 다양한 의미를 나타냄]

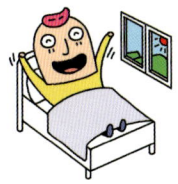

我想起来了，这个地方我们来过。 →동사3 용법
Wǒ xiǎng qǐlai le, zhège dìfang wǒmen láiguo.
생각났어. 여기 우리 와 본 적 있어.

» 想起来 xiǎng qǐlai 생각나다 | 地方 dìfang 몡 곳, 장소

> **Tip** 방향보어 '起来'
>
> 동사나 형용사 뒤에 보어로 쓰인 '起来'는 '동작의 방향이 아래에서 위를 향함'은 물론, '동작이 시작되고 계속됨', '동작이 완성되거나 목적이 달성됨', '어림 짐작이나 견해' 등 다양한 파생 의미를 나타냅니다.
> 站起来 zhàn qǐlai (앉아있다가) 일어서다 | 拿起来 ná qǐlai (손으로) 들어 올리다 | 笑起来 xiào qǐlai 웃기 시작하다 | 唱起来 chàng qǐlai 노래 부르기 시작하다 | 想起来 xiǎng qǐlai (과거의 일이) 생각나다 | 看起来 kàn qǐlai 보아하니 ~인 듯 하다

一起
yìqǐ

一 yī ㊀ 1, 하나
起 qǐ 동 일어나다

튀 같이, 함께

你明天有时间的话，我们一起去打篮球吧。
Nǐ míngtiān yǒu shíjiān dehuà, wǒmen yìqǐ qù dǎ lánqiú ba.
너 내일 시간 있으면 우리 같이 농구하러 가자.

» 的话 dehuà 조 ~하다면, ~라면

一起玩儿	一起喝酒	一起学习
yìqǐ wánr	yìqǐ hē jiǔ	yìqǐ xuéxí
함께 놀다	함께 술 마시다	함께 공부하다

起飞
qǐfēi

起 qǐ 동 아래에서 위로 올라가다
飞 fēi 동 날다

동 이륙하다

飞机已经**起飞**了。 비행기는 이미 이륙했다.
Fēijī yǐjīng qǐfēi le.

起飞速度 이륙 속도　　**准时起飞** 정시에 이륙하다
qǐfēi sùdù　　　　　　zhǔnshí qǐfēi

» 速度 sùdù 몡 속도 ｜ 准时 zhǔnshí 톙 정각에, 정확한 시간에

132

rè

执 잡다 + 灬(火) 불
불(灬)을 손으로 잡으면(执) 뜨거워요(热).

톙 ❶ 덥다, 뜨겁다
　❷ (관계가) 친밀하다, (분위기나 마음이) 뜨겁다
　　热闹 ｜ 热情
　❸ 환영을 받다, 인기가 있다
동 (음식물 등을) 가열하다, 데우다
명 열

夏天天气特别**热**。 여름 날씨는 아주 덥다. ▸형용사1 용법
Xiàtiān tiānqì tèbié rè.

» 夏天 xiàtiān 몡 여름 ｜ 特别 tèbié 뷔 특히, 아주

➕ **热**水 rèshuǐ 몡 뜨거운 물 ｜ **热**菜 rècài 동 요리를 데우다 몡 뜨거운 요리 ｜ **热**天 rètiān 몡 무더운 날 ｜ **热**量 rèliàng 몡 열량, 칼로리 ｜ **热**狗 règǒu 몡 핫도그

热闹
rènao

热 rè 톙 (분위기가) 뜨겁다
闹 nào 톙 떠들썩하다

톙 (광경이나 분위기가) 번화하다, 시끌벅적하다, 떠들썩하다
명 활기찬 광경, 떠들썩한 모습

这个市场每周末都很**热闹**。 ▸형용사 용법
Zhège shìchǎng měi zhōumò dōu hěn rènao.
이 시장은 주말마다 시끌벅적하다.

» 市场 shìchǎng 명 시장 │ 周末 zhōumò 명 주말

热闹的市场 북적이는 시장
rènao de shìchǎng

热闹的街道 시끌벅적한 거리
rènao de jiēdào

» 街道 jiēdào 명 거리, 큰길

热情
rèqíng

热 rè 형 (관계가) 친밀하다, (마음이) 뜨겁다
情 qíng 명 감정, 애정

형 마음이 따뜻하다, (태도가) 친절하다, 열정적이다
명 열정

他对客人很**热情**。 그는 손님에게 친절하다. ▸형용사 용법
Tā duì kèrén hěn rèqíng.

» 对 duì 개 ~에게 │ 客人 kèrén 명 손님

热情的人 정이 많은 사람, 친절한 사람
rèqíng de rén

热情好客 마음이 따뜻하고, 손님 접대를 좋아하다
rèqíng hàokè

» 好客 hàokè 형 손님 접대를 좋아하다

> **'친절하다'라는 뜻으로 더 자주 쓰이는 '热情'**
>
> '热情'은 '열정'이라는 뜻도 가지고 있지만, '(사람을 대함이) 친절하다'라는 의미로 더 많이 쓰입니다.

SPEED CHECK

STEP 1 한국어 뜻을 보고, 그에 해당하는 중국어 단어를 말해 보세요.

- ☐ (열매나 씨앗이) 열리다, 묶다, (관계를) 맺다, 끝나다
- ☐ 결혼하다
- ☐ 끝나다, 마치다, 끝내다
- ☐ (물체의) 마디, 사항, 항목, 명절, 절기, 아끼다
- ☐ 프로그램
- ☐ 계절
- ☐ 기념일, 명절
- ☐ 결정하다, 절대로, 결코
- ☐ 해결하다
- ☐ 결정(하다)
- ☐ 열다, 켜다, 시작하다, 운전하다, 벌어지다, (꽃이) 피다
- ☐ 시작하다, 시작되다, 처음
- ☐ 농담하다
- ☐ 시험을 보다, 고려하다
- ☐ 시험(을 보다)
- ☐ 떠나다, 분리하다, ~에서, ~로부터
- ☐ (사람, 사물, 장소를) 떠나다, 벗어나다
- ☐ 힘, 노력하다
- ☐ 능력
- ☐ 스트레스, 압력
- ☐ 노력하다, 열심히 하다, 열심히
- ☐ 한담하다, 잡담하다
- ☐ 무료하다, 지루하다
- ☐ 여행하다
- ☐ 얼굴, 방면, 국수, 대면하다, 쪽[방위사 뒤에 쓰임]
- ☐ (서로) 만나다
- ☐ 빵
- ☐ 국수
- ☐ 이름, 명칭, 명성, 명예, 명, 유명한
- ☐ 이름
- ☐ 밝다, 명백하다, 눈이 밝다, 알다, (올해, 오늘의) 다음
- ☐ 총명하다, 똑똑하다
- ☐ 알다, 이해하다
- ☐ 내일
- ☐ 년, 해, 나이, 연령
- ☐ 학년
- ☐ 나이, 연세
- ☐ 젊다
- ☐ 일어나다, 위로 올라가다, [보어로 쓰임], 기안하다
- ☐ (잠자리에서) 일어나다, 기상하다
- ☐ 일어서다, 일어나 앉다, [보어로 쓰임]
- ☐ 같이, 함께
- ☐ 이륙하다
- ☐ 뜨겁다, 친밀하다, 환영을 받다, 가열하다, 열
- ☐ 번화하다, 시끌벅적하다, 떠들썩한 모습
- ☐ 마음이 따뜻하다, 친절하다, 열정적이다, 열정

SPEED CHECK

STEP 2 중국어 단어를 보고, 그에 해당하는 한국어 뜻을 말해 보세요.

- 结 jiē / jié
- 结婚 jiéhūn
- 结束 jiéshù
- 节 jié
- 节目 jiémù
- 季节 jìjié
- 节日 jiérì
- 决 jué
- 解决 jiějué
- 决定 juédìng
- 开 kāi
- 开始 kāishǐ
- 开玩笑 kāi wánxiào
- 考 kǎo
- 考试 kǎoshì
- 离 lí
- 离开 líkāi
- 力 lì
- 能力 nénglì
- 压力 yālì
- 努力 nǔlì
- 聊 liáo 聊天 liáotiān
- 无聊 wúliáo
- 旅 lǚ 旅行 lǚxíng 旅游 lǚyóu

- 面 miàn
- 见面 jiànmiàn
- 面包 miànbāo
- 面条 miàntiáo
- 名 míng
- 名字 míngzi
- 明 míng
- 聪明 cōngming
- 明白 míngbai
- 明天 míngtiān
- 年 nián
- 年级 niánjí
- 年纪 niánjì
- 年轻 niánqīng
- 起 qǐ
- 起床 qǐchuáng
- 起来 qǐlai
- 一起 yìqǐ
- 起飞 qǐfēi
- 热 rè
- 热闹 rènao
- 热情 rèqíng

DAY · 17   TRACK 17

133

认 rèn

讠(言) 말씀 + 人 사람
말(讠) 잘하는 사람(人)은 기억에 남으니 쉽게 알아봐요(认).

동 식별하다, 분간하다 | 认识 | 认为 | 认真

他变化太大，我都认不出来了。
Tā biànhuà tài dà, wǒ dōu rèn bu chūlai le.
그가 너무 많이 변해서 나는 알아볼 수 없었다.

» 变化 biànhuà 명 변화 | 认不出来 rèn bu chūlai 알아보지 못하다

> **Tip** '认出来'와 '认不出来'
> 간혹 너무 오랫동안 만나지 못했던 친구를 만나 못 알아보는 경우가 있죠? 그때 '认不出来了 rèn bu chūlai le 알아볼 수 없었다'라고 말하며, 알아봤다면 '认出来了 rèn chūlai le'라고 말합니다.

认识 rènshi

认 rèn 동 식별하다, 분간하다
识 shí 동 알다, 식별하다

동 알다, 인식하다

我认识那个女孩子。 나는 그 여자아이를 안다.
Wǒ rènshi nàge nǚháizi.

» 女孩子 nǚháizi 명 여자아이

认识你很高兴。 만나서 반갑습니다.
Rènshi nǐ hěn gāoxìng.

不认识 안면이 없다, 모른다
bú rènshi

认为
rènwéi

认 rèn 图 식별하다, 분간하다
为 wéi 图 ~로 삼다, ~라고 생각하다

图 여기다, 생각하다

我认为这部电影很有意思。
Wǒ rènwéi zhè bù diànyǐng hěn yǒu yìsi.
나는 이 영화가 재미있다고 생각한다.

» 部 bù 양 편, 부[영화나 서적을 셀 때 쓰임] | 电影 diànyǐng 명 영화 | 有意思 yǒu yìsi 재미있다

> **Tip** '认为'와 '以为'
>
> '여기다', '생각하다'라는 의미를 나타내는 단어로 '认为'와 '以为 yǐwéi'가 있습니다. 그런데 '认为'는 객관적으로 자신의 생각을 표현할 때, '以为'는 자신의 생각이나 판단이 사실과 다를 때 쓰인다는 차이점이 있습니다. 다시 말해 '以为'에는 '~라고 생각했는데, 사실은 아니다'라는 속뜻이 담겨 있는 것이지요.
>
> 예 **我认为刘老师是中国人。**
> Wǒ rènwéi Liú lǎoshī shì Zhōngguórén.
> 내 생각에 리우 선생님은 중국인이다.
>
> **我以为刘老师是中国人。**
> Wǒ yǐwéi Liú lǎoshī shì Zhōngguórén.
> 나는 리우 선생님이 중국인인 줄 알았다. (그런데 알고 보니 한국인이었다.)

认真
rènzhēn

认 rèn 图 식별하다, 분간하다
真 zhēn 형 진실하다, 참되다

형 열심이다, 진지하다, 성실하다

我爸爸工作的时候非常认真。
Wǒ bàba gōngzuò de shíhou fēicháng rènzhēn.
우리 아빠는 일할 때, 무척 열심히 하신다.

认真工作 열심히 일하다
rènzhēn gōngzuò

认真学习 열심히 공부하다
rènzhēn xuéxí

> **Tip** 认真+동사
> '认真'은 중한사전에 '열심이다'라는 뜻으로는 잘 제시되지 않지만, 실제로는 그러한 뜻으로 많이 쓰입니다. 특히 '认真+동사' 형태로 '열심히 ~하다'라는 뜻을 나타내는 경우가 많습니다.

134

上
shàng / shang

평평한 지면(一) 위에 물건을 올려놓은 듯한 모습의 글자예요.

shàng 명 ❶ 위, 위쪽[↔下 xià ▸ p.198] 马上
❷ (시간, 순서의) 앞, 먼저[↔下 xià ▸ p.198] 上午
동 ❶ 오르다, 타다[↔下 xià ▸ p.198]
❷ (정해진 시간에) 어떤 일을 하다 上班
❸ 진입하다, 들어가다 上网 ▸ p.176
❹ (요리를) 내오다
❺ [동사 뒤에 위치해 동작의 방향이나 결과 등을 나타냄]
❻ (일정 정도나 수량에) 달하다, 이르다

shang 명 [명사 뒤에 쓰여 그 범위 안에 있음을 나타냄]
晚上 ▸ p.177 | 早上 ▸ p.177

快点上车，我们要迟到了。 → 동사1 용법
Kuài diǎn shàng chē, wǒmen yào chídào le.
빨리 차에 타. 우리 지각하겠어.

上个星期 지난주
shàng ge xīngqī

上个月 지난달
shàng ge yuè

➕ 上车 shàng chē 차에 타다[↔下车 xià chē] | 上菜 shàng cài 동 음식을 내다 | 上次 shàngcì 명 지난번 | 考上 kǎoshàng 동 시험에 합격하다 | 上学 shàngxué 동 등교하다[↔放学 fàngxué] | 上课 shàngkè 동 수업하다[↔下课 xiàkè] | 上面 shàngmiàn 명 위(쪽)

马上
mǎshàng

马 mǎ 명 말
上 shàng 명 위, 위쪽 동 오르다, 타다

부 곧, 바로, 즉시

请**马上**给经理打电话。 즉시 사장님에게 전화해 주세요.
Qǐng mǎshàng gěi jīnglǐ dǎ diànhuà.
» 经理 jīnglǐ 명 사장, 매니저

马上回答 즉시 대답하다   **马上**有考试 곧 시험이 있다
mǎshàng huídá   mǎshàng yǒu kǎoshì

上午
shàngwǔ

上 shàng 명 앞, 먼저
午 wǔ 명 정오

명 오전[↔下午 xiàwǔ ▶ p.198]

我**上午**喝了一杯咖啡。
Wǒ shàngwǔ hēle yì bēi kāfēi.
나는 오전에 커피 한 잔을 마셨다.
» 杯 bēi 양 잔, 컵 咖啡 kāfēi 명 커피

> **Tip** 새벽부터 밤까지를 나타내는 표현
>
> 早晨 zǎochen 명 새벽 → 早**上** zǎoshang 명 아침 ▶ p.177 → **上**午 shàngwǔ 명 오전 → 中午 zhōngwǔ 명 정오 → 下午 xiàwǔ 명 오후 → 晚**上** wǎnshang 명 저녁 ▶ p.177 → 夜里 yèlǐ 명 밤(중)

上班
shàngbān

上 shàng 동 어떤 일을 하다
班 bān 명 근무

동 출근하다, 근무하다[↔下班 xiàbān]

我今天不上班，可以在家休息。
Wǒ jīntiān bú shàngbān, kěyǐ zài jiā xiūxi.
나는 오늘 출근을 안 해서 집에서 쉴 수 있다.

» 可以 kěyǐ 조동 ~할 수 있다

上班时间 출근 시간
shàngbān shíjiān

➕ **上班**族 shàngbānzú 명 샐러리맨

上网
shàngwǎng

上 shàng 동 진입하다, 들어가다
网 wǎng 명 그물, 인터넷

동 인터넷에 접속하다, 인터넷을 하다

我喜欢**上网**和朋友聊天。
Wǒ xǐhuan shàngwǎng hé péngyou liáotiān.
나는 인터넷으로 친구와 잡담하기를 좋아한다.

» 聊天 liáotiān 동 이야기하다, 잡담하다

上网聊天 인터넷 채팅을 하다
shàngwǎng liáotiān

> **Tip** '인터넷'을 의미하는 '网'
>
> '网'은 원래 '그물'을 뜻하는 글자인데, 현대에 들어와 '**国际互联网** guójì hùliánwǎng 인터넷'의 준말이자 복잡한 그물처럼 짜여진 '인터넷', '네트워크'를 비유하는 말로, 인터넷 관련 용어에 많이 쓰입니다.
>
> **网**站 wǎngzhàn 명 웹사이트 | 互联**网** hùliánwǎng 명 인터넷
> **网**络 wǎngluò 명 네트워크 | **网**页 wǎngyè 명 홈페이지

 网球 wǎngqiú 명 테니스

晚上
wǎnshang

晚 wǎn 몡 저녁, 밤
上 shang 몡 [명사 뒤에 쓰여 그 범위 안에 있음을 나타냄]

몡 저녁

我每天**晚上**看书。 나는 매일 저녁 책을 본다.
Wǒ měitiān wǎnshang kàn shū.

晚上好! (저녁 인사로) 안녕하세요!
Wǎnshang hǎo!

早上
zǎoshang

早 zǎo 몡 아침
上 shang 몡 [명사 뒤에 쓰여 그 범위 안에 있음을 나타냄]

몡 아침

你今天**早上**吃早饭了吗? 오늘 아침에 아침밥 먹었니?
Nǐ jīntiān zǎoshang chī zǎofàn le ma?

早上好! 좋은 아침이에요!
Zǎoshang hǎo!

早上八点 아침 8시
zǎoshang bā diǎn

》 点 diǎn 양 시(時)

135

生
shēng

풀이나 나무가 싹트는 모양에서 파생되어 '태어나다(生)'라는 의미가 생겼어요.

동 ❶ 낳다, 태어나다 生日 ▶ p.178
　　❷ 생기다, 발생하다 生病 ▶ p.179 | 生气 ▶ p.179
　　❸ 살다, 생존하다 生活 ▶ p.180

명 학생 学生 ▶ p.205
접미 [몇몇 사람을 나타내는 명사 뒤에 쓰임]
　　先生 ▶ p.180 | 医生 ▶ p.180
형 생소하다, 낯설다

她昨天生了一个女孩儿。 ◦ 동사1 용법
Tā zuótiān shēngle yí ge nǚháir.
그녀는 어제 딸아이를 낳았다.

✚ 生活 shēnghuó 명동 생활(하다) | 生词 shēngcí 명 새 단어, 모르는 단어 | 独生子 dúshēngzǐ 명 외동아들 | 独生女 dúshēngnǚ 명 외동딸

生日
shēngrì

生 shēng 동 낳다, 태어나다
日 rì 명 (어떤 특정한) 날

명 생일

今天是我十八岁生日。
Jīntiān shì wǒ shíbā suì shēngrì.
오늘은 나의 열여덟 살 생일이다.

》 岁 suì 양 살, 세[나이를 셀 때 쓰임]

祝你生日快乐! 생일 축하합니다!
Zhù nǐ shēngrì kuàilè!

》 祝 zhù 동 축하하다, 기원하다 | 快乐 kuàilè 형 즐겁다, 유쾌하다

过生日 생일을 지내다
guò shēngrì

》 过 guò 동 (시점을) 지내다, 보내다

✚ 生日礼物 shēngrì lǐwù 명 생일 선물 | 生日贺卡 shēngrì hèkǎ 명 생일 축하 카드

生病
shēngbìng

生 shēng 동 생기다, 발생하다
病 bìng 명 병

동 병이 나다, 병에 걸리다

他生病了，所以很难受。 그는 병이 나서 괴로워한다.
Tā shēngbìng le, suǒyǐ hěn nánshòu.

» 所以 suǒyǐ 접 그래서　难受 nánshòu 형 괴롭다, 견디기 어렵다

生病住院 병이 나서 입원하다
shēngbìng zhùyuàn

» 住院 zhùyuàn 동 입원하다

生气
shēngqì

生 shēng 동 생기다, 발생하다
气 qì 명 화

동 화를 내다, 화가 나다

妈妈因为这件事非常生气。
Māma yīnwèi zhè jiàn shì fēicháng shēngqì.
엄마는 이 일 때문에 매우 화가 나셨다.

» 因为 yīnwèi 접 ~때문에

别生气。 화내지 마세요.
Bié shēngqì.

> **Tip 나 때문에 화난 거야?**
>
> 여자 친구나 남자 친구에게 조심스럽게 '나 때문에 화난 거야?'라고 물을 때는 '你在生我的气吗? Nǐ zài shēng wǒ de qì ma?'라고 하면 됩니다. 이합동사 '生气'를 활용한 독특한 구조의 문장이니 암기해 두도록 합니다.

生活 shēnghuó

生 shēng 통 살다, 생존하다
活 huó 통 살다, 생활하다

통 생활하다
명 생활

我在香港生活三年了。 → 동사 용법
Wǒ zài Xiānggǎng shēnghuó sān nián le.
나는 홍콩에서 생활한 지 3년이 되었다.
» 香港 Xiānggǎng 고유 홍콩

生活水平 생활 수준   日常生活 일상생활
shēnghuó shuǐpíng   rìcháng shēnghuó
» 日常 rìcháng 형 일상의, 일상적인

先生 xiānsheng

先 xiān 명 조상, 윗대
生 shēng 접미 [몇몇 사람을 나타내는 명사 뒤에 쓰임]

명 선생님, ~씨[성인 남성에 대한 경칭]

先生您好，请问您找谁？
Xiānsheng nín hǎo, qǐngwèn nín zhǎo shéi?
선생님, 안녕하세요. 누구를 찾으시나요?
» 请问 qǐngwèn 통 말씀 좀 묻겠습니다 ｜ 谁 shéi 대 누구

 Tip '先生'과 '老师 lǎoshī'
'先生'은 성인 남성에 대한 경칭이고, '老师'는 학생을 가르치는 '선생님'을 뜻하니 혼동하지 않도록 합니다.

医生 yīshēng

医 yī 명 의사
生 shēng 접미 [몇몇 사람을 나타내는 명사 뒤에 쓰임]

명 의사[=大夫 dàifu ▶p.116]

我的梦想是成为一名医生。
Wǒ de mèngxiǎng shì chéngwéi yì míng yīshēng.
내 꿈은 의사가 되는 것이다.

» 梦想 mèngxiǎng 명 꿈 成为 chéngwéi 동 ~가 되다

看医生 (의사에게) 진료를 받다
kàn yīshēng

136

shì

一 돼지머리 + 巾 수건
돼지머리(一)에 수건(巾)을 둘러 시장(市)에 내놓아요.

명 ❶ 도시 城市
   ❷ 시장 超市 ▶p.182

你的公司在市中心吗? →명사1 용법
Nǐ de gōngsī zài shì zhōngxīn ma?
너희 회사는 시내 중심에 있니?

» 中心 zhōngxīn 명 중심(지)

➕ 市中心 shì zhōngxīn 도심, 시내 한복판 | 市场 shìchǎng 명 시장

城市
chéngshì

城 chéng 명 도시
市 shì 명 도시

명 도시

你在哪个城市工作? 당신은 어느 도시에서 일하나요?
Nǐ zài nǎge chéngshì gōngzuò?

超市 chāoshì

超 chāo 통 넘다, 초과하다
市 shì 명 시장

명 슈퍼마켓[=超级市场 chāojí shìchǎng]

爸爸从超市买回了一斤苹果。
Bàba cóng chāoshì mǎihuíle yì jīn píngguǒ.
아빠는 슈퍼마켓에서 사과 한 근을 사오셨다.
» 斤 jīn 양 근[무게의 단위] | 苹果 píngguǒ 명 사과

137

事 shì

깃발을 단 깃대를 손으로 세우고 있는 모양을 본뜬 글자

명 ❶ 일 事情 | 故事
❷ 업무, 직업 同事 ▶ p.189
❸ 사건, 사고

你有什么事吗? 무슨 일 있으세요? ▶명사1 용법
Nǐ yǒu shénme shì ma?

➕ 办事 bànshì 통 일을 처리하다 | 出事 chūshì 통 사고가 나다 | 懂事 dǒngshì 형 철들다, 사리를 분별하다 | 心事 xīnshì 명 걱정거리, 고민거리

事情 shìqing

事 shì 명 일
情 qíng 명 상황, 정황

명 일, 사건

我有很多事情要做。 나는 해야 할 일이 많다.
Wǒ yǒu hěn duō shìqing yào zuò.

好**事情** 좋은 일
hǎo shìqing

故事
gùshi

故 gù 명 옛것, 오래된 것
事 shì 명 일

명 (옛날) 이야기

妈妈每天晚上都给我讲一个**故事**。
Māma měitiān wǎnshang dōu gěi wǒ jiǎng yí ge gùshi.
엄마는 매일 저녁 나에게 이야기를 해 주신다.

» 讲 jiǎng 동 말하다, 이야기하다

讲**故事** 이야기를 하다
jiǎng gùshi

爱情**故事** 사랑 이야기, 러브 스토리
àiqíng gùshi

» 爱情 àiqíng 명 남녀 간의 사랑, 애정

DAY · 18　TRACK 18

138

shǒu

手 다섯 손가락을 편 모양을 본뜬 글자

명 ❶ 손　手表 | 手机 | 洗手间 ▶p.195
　❷ 수단, 수법
　❸ 기술을 가진 사람

我的手很脏，想洗洗手。 →명사1 용법
Wǒ de shǒu hěn zāng, xiǎng xǐxi shǒu.
나는 손이 더러워서 좀 씻고 싶다.

» 脏 zāng 형 더럽다 | 洗 xǐ 동 씻다

> **Tip 동사 중첩**
> 위 예문의 '洗洗'와 같은 동사 중첩은 '좀 ~하다'라는 가벼운 시도를 나타냅니다.
> 看看书 kànkan shū 책을 좀 보다 | 听听音乐 tīngting yīnyuè 음악을 좀 듣다

➕ 手术 shǒushù 명동 수술(하다) | 手续 shǒuxù 명 수속, 절차 | 手套 shǒutào 명 장갑 | 歌手 gēshǒu 명 가수 | 高手 gāoshǒu 명 고수, 달인

手表
shǒubiǎo

手 shǒu 명 손
表 biǎo 명 시계

명 손목시계

这块手表是叔叔送给我的生日礼物。
Zhè kuài shǒubiǎo shì shūshu sòng gěi wǒ de shēngrì lǐwù.
이 손목시계는 삼촌이 나에게 선물해 주신 생일 선물이다.

» 块 kuài 양 [덩어리, 손목시계를 셀 때 쓰임] | 叔叔 shūshu 명 작은아버지, 삼촌

戴**手表** 손목시계를 차다
dài shǒubiǎo

名牌**手表** 명품 손목시계
míngpái shǒubiǎo

» 戴 dài 동 차다, 끼다

手机
shǒujī

手 shǒu 명 손
机 jī 명 기계 ▶ p.139

명 휴대전화

请把你的**手机**号码告诉我。
Qǐng bǎ nǐ de shǒujī hàomǎ gàosu wǒ.
당신의 휴대전화 번호를 저에게 알려 주세요.

+ **手机**号码 shǒujī hàomǎ 명 휴대전화 번호 | 智能**手机** zhìnéng shǒujī 명 스마트폰

DAY 18

139

水
shuǐ

水 시냇물이 흐르고 있는 모양을 본뜬 글자

명 물 水果 ▶ p.186 | 水平 ▶ p.186

我的口很渴，我想喝**水**。
Wǒ de kǒu hěn kě, wǒ xiǎng hē shuǐ.
나는 목이 말라서 물을 마시고 싶다.

» 口 kǒu 명 입 | 渴 kě 형 목이 마르다, 갈증 나다

喝**水** 물을 마시다
hē shuǐ

+ 热**水** rèshuǐ 명 뜨거운 물 | 冷**水** lěngshuǐ 명 냉수, 찬물 | 矿泉**水** kuàngquánshuǐ 명 생수

CHAPTER 3 핵심 글자와 단어로 실력 다지기 ★ 185

水果 shuǐguǒ

水 shuǐ 명 물
果 guǒ 명 과일, 열매 ▶ p.50

명 과일

我非常喜欢吃水果。
Wǒ fēicháng xǐhuan chī shuǐguǒ.
나는 과일 먹는 것을 아주 좋아한다.

水果色拉 과일 샐러드
shuǐguǒ sèlā

水果蛋糕 과일 케이크
shuǐguǒ dàngāo

» 色拉 sèlā 명 샐러드 | 蛋糕 dàngāo 명 케이크

> **Tip** 각종 과일 이름
>
> 苹果 píngguǒ 명 사과 | 芒果 mángguǒ 명 망고 | 葡萄 pútáo 명 포도 | 草莓 cǎoméi 명 딸기 | 西瓜 xīguā 명 수박 | 香蕉 xiāngjiāo 명 바나나 | 梨 lí 배 | 桃子 táozi 명 복숭아 | 橘子 júzi 명 귤 | 柿子 shìzi 명 감

水平 shuǐpíng

水 shuǐ 명 물
平 píng 형 균등하다

명 수준

我的汉语水平提高了。
Wǒ de Hànyǔ shuǐpíng tígāo le.
나의 중국어 수준은 향상되었다.

» 提高 tígāo 동 향상되다, 높이다

提高水平 수준을 높이다
tígāo shuǐpíng

水平高 수준이 높다
shuǐpíng gāo

> **Tip** 자주 함께 쓰이는 '水平'과 '提高' ▶ p.131

'水平'은 자동사이자 타동사인 '提高'와 함께 쓰이는 경우가 많습니다. '提高水平'은 '수준을 높이다, 수준을 향상시키다', '水平提高了'는 '수준이 높아졌다, 수준이 향상되었다'라고 해석하면 됩니다.

140

体
tǐ

亻(人) 사람 + 本 근본
인간(亻)의 근본(本)은 신체(体)죠.

몡 몸, 신체 身体 | 体育 ▶ p.188

➕ 体温 tǐwēn 몡 체온 | 体重 tǐzhòng 몡 체중, 몸무게

身体
shēntǐ

身 shēn 몡 몸, 신체
体 tǐ 몡 몸, 신체

몡 몸, 신체

他最近**身体**不太健康。
Tā zuìjìn shēntǐ bú tài jiànkāng.
그는 요즘 몸이 별로 건강하지 않다.

» 健康 jiànkāng 혱 건강하다

保重**身体**。 몸조심하세요.
Bǎozhòng shēntǐ.

» 保重 bǎozhòng 동 건강에 주의하다

身体弱   **身体**健康   锻炼**身体**
shēntǐ ruò   shēntǐ jiànkāng   duànliàn shēntǐ
몸이 약하다   신체가 건강하다   신체를 단련하다

» 弱 ruò 혱 약하다 | 锻炼 duànliàn 동 (몸을) 단련하다

体育 tǐyù

体 tǐ 명 몸, 신체
育 yù 명 교육

명 체육, 스포츠

我不喜欢上**体育**课，喜欢上数学课。
Wǒ bù xǐhuan shàng tǐyù kè, xǐhuan shàng shùxué kè.
나는 체육 수업을 싫어하고, 수학 수업을 좋아한다.

» 数学 shùxué 명 수학

➕ **体育**馆 tǐyùguǎn 명 체육관 | **体育**中心 tǐyù zhōngxīn 명 스포츠 센터

141

天 tiān

하늘을 사람이 떠받치고 서 있는 모습을 본뜬 글자

명 ❶ 하늘   聊**天** ▶ p.156
  ❷ 날, 하루   明**天** ▶ p.163
  ❸ 날씨, 기후   **天**气
  ❹ 계절

天非常冷。 날씨가 매우 춥다. • 명사3 용법
Tiān fēicháng lěng.

➕ 今**天** jīntiān 명 오늘 | 明**天** míngtiān 명 내일 | 昨**天** zuótiān 명 어제 | 聊**天** liáotiān 통 이야기하다, 잡담하다 ▶ p.156 | 每**天** měitiān 명 매일, 날마다 | 半**天** bàntiān 명 반나절, 한참 | 春**天** chūntiān 명 봄 | 夏**天** xiàtiān 명 여름 | 秋**天** qiūtiān 명 가을 | 冬**天** dōngtiān 명 겨울

天 tiān 몡 날씨, 기후
气 qì 몡 날씨, 기후

몡 날씨

今天天气很好。 오늘은 날씨가 좋다.
Jīntiān tiānqì hěn hǎo.

> **Tip** 자주 사용되는 '날씨' 표현
>
> 雨天 yǔtiān 몡 비 오는 날씨 | 晴天 qíngtiān 몡 맑은 날씨 |
> 阴天 yīntiān 몡 흐린 날씨

DAY 18

142

同
tóng

冂 멀다 + 一 하나 + 口 입
멀리(冂) 떨어진 곳에서도 하나(一)같이 말(口)을 똑같이(同) 해요.

- 閔 함께, 공동으로 同事 | 同学 ▶p.190
- 휑 같다, 동일하다 同意 ▶p.190
- 깨 ~와[=跟 gēn]

他同我一起出差。 그는 나와 함께 출장 간다. → 개사 용법
Tā tóng wǒ yìqǐ chūchāi.

» 出差 chūchāi 동 출장 가다

➕ 同屋 tóngwū 몡 룸메이트 | 不同 bùtóng 휑 다르다, 같지 않다

同 tóng 閔 함께, 공동으로
事 shì 몡 업무, 직업 ▶p.182

몡 (직장의) 동료

CHAPTER 3 핵심 글자와 단어로 실력 다지기 ★ 189

我和同事们互相帮助。
Wǒ hé tóngshìmen hùxiāng bāngzhù.
나와 동료들은 서로 돕는다.

» 互相 hùxiāng 🖽 서로 ｜ 帮助 bāngzhù 🖽 돕다

老同事
lǎo tóngshì
오랜 동료

同事之间
tóngshì zhī jiān
동료 간

同事关系
tóngshì guānxi
동료 관계

» 关系 guānxi 🖽 관계

同学
tóngxué

同 tóng 🖽 함께, 공동으로
学 xué 🖽 배우다, 학습하다 ▶ p.204

🖽 동창, 학교 친구, 학우

她是我的老同学。 그녀는 나의 오랜 동창이다.
Tā shì wǒ de lǎo tóngxué.

同班同学 같은 반 친구
tóngbān tóngxué

全班同学 반 전체 학우
quán bān tóngxué

» 同班 tóngbān 🖽 같은 반 ｜ 全班 quán bān 반 전체

➕ **同学会** tóngxuéhuì 🖽 동창회

同意
tóngyì

同 tóng 🖽 같다, 동일하다
意 yì 🖽 의견, 견해 ▶ p.210

🖽 동의하다, 찬성하다

我同意他的意见。 나는 그의 의견에 동의한다.
Wǒ tóngyì tā de yìjiàn.

» 意见 yìjiàn 🖽 의견, 견해

不**同意** 찬성하지 않다
bù tóngyì

同意观点 관점에 동의하다
tóngyì guāndiǎn

» 观点 guāndiǎn 명 관점, 입장

143

头
tóu / tou

부수: 大 큰 대
사람의 가장 크고(大) 중요한 부분은 머리(头)죠.

tóu 명 머리 头发
tou 접미 [명사 뒤에 쓰임]

今天我的**头**很疼。 오늘 나는 머리가 아프다. →명사 용법
Jīntiān wǒ de tóu hěn téng.

» 疼 téng 형 아프다

➕ **头**疼 tóuténg **头**痛 tóutòng 형 머리가 아프다 | **头**脑 tóunǎo 명 두뇌, 머리 | **头**晕 tóuyūn 동 현기증이 나다, 머리가 어지럽다 | 馒**头** mántou 명 (소를 넣지 않고 밀가루만 발효시켜 만든) 만터우

头发
tóufa

头 tóu 명 머리
发 fà 명 머리카락

명 **머리카락**

我今天想剪剪**头发**。 나는 오늘 머리를 좀 자르고 싶다.
Wǒ jīntiān xiǎng jiǎnjian tóufa.

» 剪 jiǎn 동 (가위로) 자르다

头发长 머리가 길다
tóufa cháng

头发短 머리가 짧다
tóufa duǎn

烫头发 머리를 파마하다
tàng tóufa

染头发 머리를 염색하다
rǎn tóufa

» 烫 tàng 동 파마하다 | 染 rǎn 동 염색하다

完 wán

宀 집 + 元 처음
집(宀)에서 처음(元)과 끝을 완성해요(完).

동 완성하다, 끝마치다 完成

她已经把工作都做完了。 그녀는 이미 일을 다 끝냈다.
Tā yǐjīng bǎ gōngzuò dōu zuòwán le.

Tip 결과보어 '完'
'完'은 동사술어 뒤에 위치해 '완료'라는 결과를 나타내는 보어로 많이 쓰입니다.
吃完 chīwán 다 먹었다 | 卖完 màiwán 다 팔렸다 | 用完 yòngwán 다 썼다 | 做完 zuòwán 다 했다

完成 wánchéng

完 wán 동 완성하다, 끝마치다
成 chéng 동 이루다

동 완성하다, (예정대로) 끝내다

我已经完成作业了。 나는 이미 숙제를 다 했다.
Wǒ yǐjīng wánchéng zuòyè le.

» 作业 zuòyè 명 숙제

完成作业 숙제를 다 하다
wánchéng zuòyè

完成任务 임무를 완성하다
wánchéng rènwu

» 任务 rènwu 명 임무

145

习 xí

번체자 '習'의 '习'만 따서 만든 간체자

통 ❶ 배우다, 연습하다 复习 | 练习 | 学习 ▶ p.205
　　❷ 익숙하다 习惯

✚ 实习 shíxí 통 실습하다 | 补习班 bǔxíbān 명 학원

复习 fùxí

复 fù 통 반복하다, 중복하다
习 xí 통 배우다, 연습하다

통 복습하다[↔预习 yùxí]

因为明天有考试，所以我正在复习。
Yīnwèi míngtiān yǒu kǎoshì, suǒyǐ wǒ zhèngzài fùxí.
내일 시험이 있어서 나는 복습을 하고 있다.

» 因为……，所以…… yīnwèi……, suǒyǐ…… ~때문에 ~하다

复习汉语
fùxí Hànyǔ
중국어를 복습하다

认真复习
rènzhēn fùxí
열심히 복습하다

练习 liànxí

练 liàn 통 연습하다
习 xí 통 배우다, 연습하다

통 연습하다

我每天练习骑自行车。
Wǒ měitiān liànxí qí zìxíngchē.
나는 매일 자전거 타는 것을 연습한다.

练习题 연습 문제
liànxí tí

练习发音 발음을 연습하다
liànxí fāyīn

» 题 tí 명 문제 发音 fāyīn 명 발음

习惯
xíguàn

习 xí 图 익숙하다
惯 guàn 图 습관이 되다, 익숙해지다

명 습관
동 습관이 되다, 익숙해지다

我习惯了中国的生活。 →동사 용법
Wǒ xíguànle Zhōngguó de shēnghuó.
나는 중국의 생활에 익숙해졌다.

好习惯 좋은 습관　　　坏习惯 나쁜 습관
hǎo xíguàn　　　　　huài xíguàn

» 坏 huài 형 나쁘다

洗
xǐ

氵(水) 물 + 先 먼저
물(氵)로 먼저(先) 손과 얼굴을 씻어요(洗).

동 ❶ 씻다, 빨다　洗手间 | 洗澡
　　❷ 현상하다, 인화하다

吃饭前要洗手。 밥 먹기 전에는 손을 씻어야 한다. →명사 용법
Chīfàn qián yào xǐ shǒu.

» 前 qián 명 (공간, 시간의) 앞

洗脸 세수를 하다　　　洗发 머리를 감다
xǐ liǎn　　　　　　　xǐ fà

» 脸 liǎn 명 얼굴 | 发 fà 명 머리카락

洗衣服 빨래를 하다　　洗照片 사진을 현상하다
xǐ yīfu　　　　　　　xǐ zhàopiàn

✚ 洗发水 xǐfàshuǐ 명 샴푸 | 洗衣机 xǐyījī 명 세탁기 | 干洗 gānxǐ 동 드라이클리닝 하다

洗手间
xǐshǒujiān

洗 xǐ 동 씻다
手 shǒu 명 손 ▶ p.184
间 jiān 명 방, 실

명 화장실[=卫生间 wèishēngjiān]

请问，洗手间在哪儿？
Qǐngwèn, xǐshǒujiān zài nǎr?
실례지만 화장실이 어디에 있나요?

去洗手间 화장실에 가다
qù xǐshǒujiān

> **Tip** 洗手间, 卫生间, 厕所 cèsuǒ
>
> '손을 씻는 곳', '위생실'처럼 간접적으로 표현된 '洗手间', '卫生间' 외에 '화장실'을 표현하는 또 다른 단어로 '厕所'가 있습니다. '공중 화장실'은 '公共厕所 gōnggòng cèsuǒ'라고 해요. 그렇다면 '字 학습' 중이신 여러분, 공중화장실의 '남자 화장실', '여자 화장실'은 뭐라고 할까요? 그렇습니다. '男厕 náncè', '女厕 nǚcè'예요!

洗澡
xǐzǎo

洗 xǐ 동 씻다
澡 zǎo 동 (몸을) 씻다

동 목욕하다, 샤워하다

弟弟每天睡觉前洗澡。
Dìdi měitiān shuìjiào qián xǐzǎo.
남동생은 매일 자기 전에 목욕을 한다.

》 睡觉 shuìjiào 동 잠을 자다

用热水洗澡 뜨거운 물로 목욕하다
yòng rèshuǐ xǐzǎo

+ 洗澡间 xǐzǎojiān 명 욕실

SPEED CHECK

STEP 1 한국어 뜻을 보고, 그에 해당하는 중국어 단어를 말해 보세요.

- ☐ 식별하다, 분간하다
- ☐ 알다, 인식하다
- ☐ 여기다, 생각하다
- ☐ 열심이다, 진지하다, 성실하다
- ☐ 위(쪽), (시간, 순서의) 앞, 오르다, [명사 뒤에 쓰임]
- ☐ 곧, 바로, 즉시
- ☐ 오전
- ☐ 출근하다, 근무하다
- ☐ 인터넷에 접속하다, 인터넷을 하다
- ☐ 저녁
- ☐ 아침
- ☐ 낳다, 생기다, 살다, 학생, [접미사로 쓰임], 생소하다
- ☐ 생일
- ☐ 병이 나다, 병에 걸리다
- ☐ 화를 내다, 화가 나다
- ☐ 생활(하다)
- ☐ 선생님, ~씨
- ☐ 의사
- ☐ 도시, 시장
- ☐ 도시
- ☐ 슈퍼마켓
- ☐ 일, 업무, 직업, 사건, 사고
- ☐ 일, 사건
- ☐ (옛날) 이야기

- ☐ 손, 수단, 수법, 기술을 가진 사람
- ☐ 손목시계
- ☐ 휴대전화
- ☐ 물
- ☐ 과일
- ☐ 수준
- ☐ 몸, 신체
- ☐ 체육, 스포츠
- ☐ 하늘, 날, 하루, 날씨, 기후, 계절
- ☐ 날씨
- ☐ 함께, 공동으로, 같다, 동일하다, ~와
- ☐ (직장의) 동료
- ☐ 동창, 학교 친구, 학우
- ☐ 동의하다, 찬성하다
- ☐ 머리, [접미사로 쓰임]
- ☐ 머리카락
- ☐ 완성하다, 끝마치다
- ☐ 배우다, 연습하다, 익숙하다
- ☐ 복습하다
- ☐ 연습하다
- ☐ 습관(이 되다), 익숙해지다
- ☐ 씻다, 빨다
- ☐ 화장실
- ☐ 목욕하다, 샤워하다

SPEED CHECK

STEP 2 중국어 단어를 보고, 그에 해당하는 한국어 뜻을 말해 보세요.

- ☐ 认 rèn
- ☐ 认识 rènshi
- ☐ 认为 rènwéi
- ☐ 认真 rènzhēn
- ☐ 上 shàng / shang
- ☐ 马上 mǎshàng
- ☐ 上午 shàngwǔ
- ☐ 上班 shàngbān
- ☐ 上网 shàngwǎng
- ☐ 晚上 wǎnshang
- ☐ 早上 zǎoshang
- ☐ 生 shēng
- ☐ 生日 shēngrì
- ☐ 生病 shēngbìng
- ☐ 生气 shēngqì
- ☐ 生活 shēnghuó
- ☐ 先生 xiānsheng
- ☐ 医生 yīshēng
- ☐ 市 shì
- ☐ 城市 chéngshì
- ☐ 超市 chāoshì
- ☐ 事 shì
- ☐ 事情 shìqing
- ☐ 故事 gùshi

- ☐ 手 shǒu
- ☐ 手表 shǒubiǎo
- ☐ 手机 shǒujī
- ☐ 水 shuǐ
- ☐ 水果 shuǐguǒ
- ☐ 水平 shuǐpíng
- ☐ 体 tǐ 身体 shēntǐ
- ☐ 体育 tǐyù
- ☐ 天 tiān
- ☐ 天气 tiānqì
- ☐ 同 tóng
- ☐ 同事 tóngshì
- ☐ 同学 tóngxué
- ☐ 同意 tóngyì
- ☐ 头 tóu / tou
- ☐ 头发 tóufa
- ☐ 完 wán 完成 wánchéng
- ☐ 习 xí
- ☐ 复习 fùxí
- ☐ 练习 liànxí
- ☐ 习惯 xíguàn
- ☐ 洗 xǐ
- ☐ 洗手间 xǐshǒujiān
- ☐ 洗澡 xǐzǎo

CHAPTER 3 핵심 글자와 단어로 실력 다지기

DAY 19

TRACK 19

147

下
xià

나무 뿌리가 아래로 뻗는 모습을 본뜬 글자

명 ❶ 밑, 아래[↔上 shàng ▶ p.174]
　　❷ (시간, 순서의) 나중, 다음[↔上 shàng ▶ p.174] 下午
동 ❶ 내려가다, 내리다[↔上 shàng ▶ p.174] 下雨
　　❷ (어떤 일을) 마치다
양 번, 회[동작의 횟수를 셀 때 쓰임] 一下

书包在桌子下面。 책가방은 책상 밑에 있다. →명사1 용법
Shūbāo zài zhuōzi xiàmiàn.

» 书包 shūbāo 명 책가방 | 桌子 zhuōzi 명 책상

✚ 下班 xiàbān 동 퇴근하다[↔上班 shàngbān ▶ p.175] | 下车 xià chē 차에서 내리다[↔上车 shàng chē] | 下课 xiàkè 동 수업이 끝나다[↔上课 shàngkè] | 下个星期 xià ge xīngqī 다음 주[↔上个星期 shàng ge xīngqī] | 下周 xià zhōu 다음 주[↔上周 shàng zhōu] | 下次 xiàcì 명 다음 번[↔上次 shàngcì] | 下面 xiàmiàn 명 아래(쪽)[↔上面 shàngmiàn]

下午
xiàwǔ

下 xià 명 나중, 다음
午 wǔ 명 정오

명 오후[↔上午 shàngwǔ ▶ p.175]

今天下午我要去一趟百货商店。
Jīntiān xiàwǔ wǒ yào qù yí tàng bǎihuò shāngdiàn.
오늘 오후에 나는 백화점에 다녀오려고 한다.

» 趟 tàng 양 번, 차례[왕래한 횟수를 셀 때 쓰임] | 百货商店 bǎihuò shāngdiàn 명 백화점, 마트

下午好! (오후 인사로) 안녕하세요!
Xiàwǔ hǎo!

下午一点 오후 1시
xiàwǔ yī diǎn

今天下午 오늘 오후
jīntiān xiàwǔ

下雨
xià yǔ

下 xià 동 내리다
雨 yǔ 명 비

비가 내리다

现在在下雨吗? 지금 비가 오고 있나요?
Xiànzài zài xià yǔ ma?

» 在 zài 부 지금 ~하고 있다

下雨了! 비 온다!
Xià yǔ le!

> **Tip** 상황의 변화를 나타내는 '了'
>
> '下雨了!'는 '비가 왔다!'가 아닌 '(비가 오지 않다가 이제) 비가 온다!'라는 의미입니다. 동사 바로 뒤에 쓰인 '了'는 동작의 완료를 나타내지만, 이처럼 문장 끝에 쓰인 '了'는 상황의 변화를 나타낼 수 있기 때문입니다. 비가 왔다는 의미는 '昨天下了一场雨。Zuótiān xiàle yì chǎng yǔ. 어제 비가 한바탕 내렸다.'와 같이 나타낼 수 있습니다.

➕ 下雪 xià xuě 눈이 내리다

✱ 雨天 yǔtiān 명 비가 오는 날씨

一下
yíxià

一 yī 수 1, 하나
下 xià 양 번, 회[동작의 횟수를 셀 때 쓰임]

수량 ❶ 한 번
❷ 좀 ~하다[동사 뒤에 쓰임]

你能帮我拿一下吗? 수량사2 용법
Nǐ néng bāng wǒ ná yíxià ma?
좀 들어 주시겠어요?

» 帮 bāng 동 돕다 | 拿 ná 동 (손으로) 잡다, 쥐다

> **Tip 수량보어 '一下'**
>
> '一下'는 '한 번'이라는 뜻을 나타내기도 하지만, 동사 뒤에 보어로 쓰여 '좀 ~하다'라는 뜻을 나타내기도 합니다.
>
> 等一下 děng yíxià 좀 기다리다 | 看一下 kàn yíxià 좀 보다
> 读一下 dú yíxià 좀 읽어 보다

148

小
xiǎo

亅 갈고리 + 八 여덟
갈고리(亅)를 써서 여덟(八) 등분으로 작게(小) 나눠요.

형 ❶ (부피, 면적, 수량, 힘, 강도 등이) 작다, 적다
  [↔大 dà ▶ p.115] 小姐 | 小时 | 小心
❷ (나이가) 어리다

我的弟弟比我小两岁。 내 동생은 나보다 두 살 어리다.
Wǒ de dìdi bǐ wǒ xiǎo liǎng suì.

✚ 小说 xiǎoshuō 명 소설 | 小偷 xiǎotōu 명 좀도둑 | 小学 xiǎoxué 명 초등학교 | 小吃 xiǎochī 명 간식, 간단한 음식 | 矮小 ǎixiǎo 형 왜소하다, 작다

小姐
xiǎojiě

小 xiǎo 형 작다, 적다
姐 jiě 명 아가씨

명 아가씨, ~양

王**小姐**今年20岁。 왕 양은 올해 스무 살이다.
Wáng xiǎojiě jīnnián èrshí suì.

✚ 空中**小姐** kōngzhōng xiǎojiě 몡 (비행기의) 여승무원, 스튜어디스

小时
xiǎoshí

小 xiǎo 혱 작다, 적다
时 shí 몡 시, 시간

몡 시간

你每天工作几个**小时**?
Nǐ měitiān gōngzuò jǐ ge xiǎoshí?
당신은 매일 몇 시간 일하시나요?

每个**小时** 매 시간
měi ge xiǎoshí

小心
xiǎoxīn

小 xiǎo 혱 작다, 적다
心 xīn 몡 마음, 생각 ▶ p.202

동 조심하다, 주의하다

过马路的时候**小心**点儿。 길을 건널 때 조심하도록 해.
Guò mǎlù de shíhou xiǎoxīn diǎnr.

» 过 guò 동 건너다 | 马路 mǎlù 몡 대로, 큰길

小心别感冒了。 감기 걸리지 않도록 조심해.
Xiǎoxīn bié gǎnmào le.

» 感冒 gǎnmào 몡동 감기(에 걸리다)

DAY 19

149

心 xīn

心 사람의 심장 모양을 본뜬 글자

명 ❶ 마음, 생각
担心 | 放心 ▶ p.127 | 关心 ▶ p.135 | 小心 ▶ p.201
❷ 심장
❸ 한가운데, 중심

➕ 心事 xīnshì 명 걱정거리, 고민거리 | 点心 diǎnxin 명 (떡, 과자, 빵 등) 간식 | 中心 zhōngxīn 명 중심(지), 센터

担心 dānxīn

担 dān 동 메다, 지다
心 xīn 명 마음, 생각

동 걱정하다, 근심하다

我担心明天下雨。 나는 내일 비가 올까 봐 걱정된다.
Wǒ dānxīn míngtiān xià yǔ.

别担心。 걱정 마세요.
Bié dānxīn.

不用担心。 걱정하지 않아도 돼요.
Búyòng dānxīn.

» 不用 búyòng 부 ~할 필요 없다

150

新 xīn

立 서다 + 木 나무 + 斤 도끼
서(立) 있는 나무(木)를 도끼(斤)로 베어서 새(新) 물건을 만들어요.

형 새롭다, 새것의 新闻 | 新鲜

昨天妈妈给我买了一件新衣服。
Zuótiān māma gěi wǒ mǎile yí jiàn xīn yīfu.
어제 엄마가 나에게 새 옷 한 벌을 사 주셨다.

➕ 新年 xīnnián 명 신년, 새해 | 新生 xīnshēng 명 신입생

新闻 xīnwén

新 xīn 형 새롭다, 새것의
闻 wén 명 뉴스, 소식

명 뉴스

爸爸喜欢看新闻。 아빠는 뉴스 보는 것을 좋아하신다.
Bàba xǐhuan kàn xīnwén.

一条新闻 뉴스 하나
yì tiáo xīnwén

» 条 tiáo 양 가지[항목으로 나누어진 것을 셀 때 쓰임]

> **Tip** '新闻'은 신문(×), 뉴스(○)
> '新闻'의 한자음이 '신문'이라고 해서 착각하면 안 돼요! '新闻'은 우리말의 '뉴스'에 해당하며, '신문'은 중국어로 '报纸 bàozhǐ'라고 합니다.

新鲜 xīnxiān

新 xīn 형 새롭다, 새것의
鲜 xiān 형 신선하다

형 신선하다, 싱싱하다

今天空气很新鲜。 오늘은 공기가 신선하다.
Jīntiān kōngqì hěn xīnxiān.

» 空气 kōngqì 명 공기

新鲜空气 신선한 공기
xīnxiān kōngqì

新鲜水果 신선한 과일
xīnxiān shuǐguǒ

151

学
xué

부수: 子 아들
아들(子)이 학교(学)에 가서 공부해요(学).

동 배우다, 학습하다 　留学 | 学生 | 学习 | 同学 ▶ p.190
명 ❶ 학문, 학설, 학과 　数学 ▶ p.206
　❷ 학교 　学校 ▶ p.206

我想去中国**学**汉语。 ▶ 동사 용법
Wǒ xiǎng qù Zhōngguó xué Hànyǔ.
나는 중국에 가서 중국어를 공부하고 싶다.

✚ 学期 xuéqī 명 학기 | 入学 rùxué 동 입학하다 | 学费 xuéfèi 명 학비, 수업료 | 学历 xuélì 명 학력 | 休学 xiūxué 동 휴학하다 | 上学 shàngxué 동 등교하다

留学
liúxué

留 liú 동 유학하다
学 xué 동 배우다, 학습하다

동 유학하다

我正在中国**留学**。　나는 지금 중국에서 유학 중이다.
Wǒ zhèng zài Zhōngguó liúxué.
» 正 zhèng 부 지금 ~하고 있다 | 在 zài 개 ~에서

> 이합사 '留学'
>
> '留学'는 이합동사로 분류되지만, '留学英国 liúxué Yīngguó 영국으로 유학하다'처럼 목적어를 가지기도 합니다. 하지만 일반적으로

'~로 유학 가다'는 '去+장소+留学'로 표현하는 경우가 대부분이라는 사실에 주의하세요.
예 我想去中国留学。 나는 중국으로 유학 가고 싶다.
　　Wǒ xiǎng qù Zhōngguó liúxué.

学生 xuésheng

学 xué 동 배우다, 학습하다
生 shēng 명 학생 ▶ p.177

명 학생

我不是老师，而是学生。
Wǒ bú shì lǎoshī, ér shì xuésheng.
저는 선생님이 아니고 학생입니다.

» 不是A，而是B bú shì A, ér shì B A가 아니라 B이다

✚ 小学生 xiǎoxuésheng 명 초등학생 | 中学生 zhōngxuéshēng 명 중고등학생 | 大学生 dàxuéshēng 명 대학생 | 男学生 nánxuésheng 명 남학생 | 女学生 nǚxuésheng 명 여학생

学习 xuéxí

学 xué 동 배우다, 학습하다
习 xí 동 배우다, 연습하다

동 공부하다, 배우다

我们要努力学习。 우리는 열심히 공부해야 한다.
Wǒmen yào nǔlì xuéxí.

» 努力 nǔlì 동 노력하다, 열심히 하다

学习汉语 중국어를 공부하다　　学习成绩 학습 성적
xuéxí Hànyǔ　　　　　　　　　xuéxí chéngjì

★ 习惯 xíguàn 명 습관 동 습관이 되다, 익숙해지다 ▶ p.194

数学
shùxué

数 shù 명 수, 수량
学 xué 명 학문, 학과

명 수학

星期二有两节数学课。
Xīngqī'èr yǒu liǎng jié shùxué kè.
화요일에는 두 시간짜리 수학 수업이 있다.

» 节 jié 양 [여러 개로 나누어진 것을 셀 때 쓰임] | 课 kè 명 수업

➕ 数学家 shùxuéjiā 명 수학가

学校
xuéxiào

学 xué 명 학교
校 xiào 명 학교

명 학교

我住在学校的对面。 나는 학교 맞은편에 산다.
Wǒ zhù zài xuéxiào de duìmiàn.

» 住 zhù 동 살다 | 对面 duìmiàn 명 맞은편

去学校 학교에 가다　　　上学校 학교에 다니다
qù xuéxiào　　　　　　　shàng xuéxiào

学校生活 학교생활　　　一所学校 학교 한 곳
xuéxiào shēnghuó　　　 yì suǒ xuéxiào

» 所 suǒ 양 [학교, 병원 등을 셀 때 쓰임]

★ 校长 xiàozhǎng 명 교장 ▶ p.109

152

要
yāo / yào

> 襾 서쪽 + 女 여자
> 서쪽(襾)에 있는 여자(女)는 중요한(要) 인물이었을까요?

yāo 동 구하다, 요구하다 要求
yào 동 필요하다 需要 ▶ p.208
　　 형 중요하다 重要 ▶ p.208 ｜ 主要 ▶ p.209
　　 조동 ❶ ~할 것이다, ~하려고 한다
　　　　 ❷ ~해야 한다
　　 접 만약, 만일

我要去看电影。→ 조동사1 용법
Wǒ yào qù kàn diànyǐng.
나는 영화를 보러 가려고 한다.

✚ 要是 yàoshi 접 만약 ~라면 ｜ 只要 zhǐyào 접 ~하기만 하면

要求
yāoqiú

> 要 yāo 동 구하다, 요구하다
> 求 qiú 동 청하다, 요구하다

동 요구하다
명 요구

妈妈要求我马上回家。→ 동사 용법
Māma yāoqiú wǒ mǎshàng huí jiā.
엄마는 나더러 바로 집으로 돌아가라고 하셨다.

老师的要求很多。 선생님의 요구가 많다. → 명사 용법
Lǎoshī de yāoqiú hěn duō.

不合要求　　　　　　满足要求
bùhé yāoqiú　　　　　mǎnzú yāoqiú
요구에 부합되지 않다　요구를 만족시키다

» 不合 bùhé 동 맞지 않다 ｜ 满足 mǎnzú 동 만족시키다

> **Tip** 성조 주의! '要求'
>
> '要求'의 '要'는 제4성이 아닌 제1성으로 발음해야 함에 유의하세요. 또 '要求'는 위의 첫 번째 예문과 같이 '주어+要求+요구하는 대상+요구하는 내용'의 형태로 쓰입니다.

需要
xūyào

需 xū 동 필요하다
要 yào 동 필요하다

동 필요로 하다, 요구되다

你**需要**多休息。 당신은 더 쉬어야 해요.
Nǐ xūyào duō xiūxi.

需要时间
xūyào shíjiān
시간이 필요하다

需要休息
xūyào xiūxi
쉬어야 한다, 휴식이 필요하다

> **Tip** 需要+명사/동사
>
> '需要+명사'는 '~가 필요하다', '需要+동사'는 '~해야 한다'로 해석하면 됩니다.

重要
zhòngyào

重 zhòng 형 중요하다
要 yào 형 중요하다

형 중요하다

春节对于中国人来说是最**重要**的节日。
Chūnjié duìyú Zhōngguórén lái shuō shì zuì zhòngyào de jiérì.
춘지에는 중국인들에게 있어 가장 중요한 명절이다.

» 对于……来说 duìyú……lái shuō ~에게 있어서

重要问题 중요한 문제
zhòngyào wèntí

重要新闻 중요한 뉴스
zhòngyào xīnwén

重要会议 중요한 회의
zhòngyào huìyì
» 会议 huìyì 몡 회의

主要
zhǔyào

主 zhǔ 혱 가장 중요하다
要 yào 혱 중요하다

혱 주요한, 중요한
뷔 주로, 대부분

主要内容是什么? 주요 내용은 무엇입니까? → 형용사 용법
Zhǔyào nèiróng shì shénme?
» 内容 nèiróng 몡 내용

午饭您**主要**吃什么? → 부사 용법
Wǔfàn nín zhǔyào chī shénme?
점심에는 주로 무엇을 드시나요?
» 午饭 wǔfàn 몡 점심밥

主要问题 주요 문제
zhǔyào wèntí

主要比赛 주요 경기
zhǔyào bǐsài

DAY · 20 TRACK 20

153

意 yì

音 소리 + 心 마음
소리(音)를 마음(心)으로 들으면 그 소리가 전하는 의미(意)를 알 수 있어요.

명 ❶ 뜻, 의미 意思
　　❷ 생각, 의사, 염원 满意 | 愿意 | 注意 ▶ p.212
　　❸ 의견, 견해 同意 ▶ p.190
동 예상하다, 짐작하다

✚ 意见 yìjiàn 명 의견, 견해 | 主意 zhǔyi 명 생각, 방법, 아이디어 | 故意 gùyì 부 고의로, 일부러

意思 yìsi

意 yì 명 뜻, 의미
思 sī 명 생각

명 ❶ (말이나 글 등의) 뜻, 의미
　　❷ 흥미, 재미

我不太明白你的意思。 →명사1 용법
Wǒ bú tài míngbai nǐ de yìsi.
나는 당신의 뜻을 잘 이해하지 못했어요.
» 明白 míngbai 동 알다, 이해하다

不好意思 미안하다, 부끄럽다 →명사1 용법
bù hǎoyìsi

有意思 재미있다
yǒu yìsi

满意 mǎnyì

满 mǎn 형 만족하다, 흡족하다
意 yì 명 생각, 의사, 염원

형 만족하다, 만족스럽다

我对这件作品非常满意。
Wǒ duì zhè jiàn zuòpǐn fēicháng mǎnyì.
나는 이 작품에 매우 만족한다.

» 作品 zuòpǐn 명 작품

对……满意	让你满意	满意的服务
duì……mǎnyì	ràng nǐ mǎnyì	mǎnyì de fúwù
~에 대해 만족하다	너를 만족시키다	만족스러운 서비스

愿意 yuànyì

愿 yuàn 동 ~하기를 바라다, 원하다
意 yì 명 생각, 의사, 염원

조동 ~하기를 바라다
동 원하다, 바라다

你愿意和我结婚吗? → 조동사 용법
Nǐ yuànyì hé wǒ jiéhūn ma?
너는 나와 결혼하길 원하니?

» 和 hé 개 ~와   结婚 jiéhūn 동 결혼하다

我不愿意。 나는 원치 않는다. → 동사 용법
Wǒ bú yuànyì.

> **Tip** 동사로도, 조동사로도 쓰이는 '愿意'
> 단독으로 쓰인 '愿意'는 동사이지만, 다른 동사 앞에 쓰인 '愿意'는 조동사라고 볼 수 있습니다.

CHAPTER 3 핵심 글자와 단어로 실력 다지기 ★ 211

注意 zhùyì

注 zhù 동 (정신이나 힘을) 모으다, 집중하다
意 yì 명 생각, 의사

동 주의하다, 조심하다

我们要注意健康。 우리는 건강에 주의해야 한다.
Wǒmen yào zhùyì jiànkāng.

注意身体
zhùyì shēntǐ
건강에 주의하다

注意安全
zhùyì ānquán
안전에 주의하다

» 安全 ānquán 형 안전하다

+ **注意**力 zhùyìlì 명 주의력

音 yīn

立 서다 + 日 해
서서(立) 해(日)를 보니 감탄하는 소리(音)가 절로 나와요.

명 음, 소리 声**音** | **音**乐

+ 发**音** fāyīn 명 발음 | 收**音**机 shōuyīnjī 명 라디오

声音 shēngyīn

声 shēng 명 소리
音 yīn 명 음, 소리

명 목소리, 소리

她说话的声音很小，我有点儿听不清。
Tā shuōhuà de shēngyīn hěn xiǎo, wǒ yǒudiǎnr tīng bu qīng.
그녀의 말소리가 작아서 나는 잘 안 들린다.

» 有点儿 yǒudiǎnr 🔤 조금, 약간 | 听不清 tīng bu qīng 뚜렷이 들리지 않다

声音低 소리가 낮다
shēngyīn dī

发出声音 소리를 내다
fāchu shēngyīn

yīnyuè

音 yīn 🔤 음, 소리
乐 yuè 🔤 음악

🔤 음악

我喜欢听音乐。 나는 음악 듣는 것을 좋아한다.
Wǒ xǐhuan tīng yīnyuè.

听音乐 음악을 듣다
tīng yīnyuè

➕ 音乐家 yīnyuèjiā 🔤 음악가 | 音乐会 yīnyuèhuì 🔤 음악회

155

yóu

氵 물 + 斿 놀다
물(氵)에서 놀(斿) 때는 헤엄을 칠(游) 줄 알아야 하죠.

🔤 ❶ 헤엄치다 游泳 ▶ p.214
  ❷ 이리저리 돌아다니다 旅游 ▶ p.158
  ❸ 놀다, 즐기다 游戏 ▶ p.214

他游得怎么样? 그는 수영하는 게 어때? → 동사1 용법
Tā yóu de zěnmeyàng?

➕ 游览 yóulǎn 🔤 (명승지나 풍경을) 유람하다 | 游乐园 yóulèyuán 游乐场 yóulèchǎng 🔤 유원지, 놀이동산 | 导游 dǎoyóu 🔤 여행 가이드

游泳
yóuyǒng

游 yóu 통 헤엄치다
泳 yǒng 통 수영하다

통 수영하다

姐姐周末去游泳了。 언니[누나]는 주말에 수영하러 갔다.
Jiějie zhōumò qù yóuyǒng le.

> **Tip 이합사 '游泳'**
> 이합사 '游泳' 뒤에 시량보어를 쓸 때는 '游' 뒤에 써야 합니다. 따라서 '세 시간 수영했다'라고 할 때는 '游泳了三个小时'라고 하면 틀리고, '游了三个小时 yóule sān ge xiǎoshí'라고 해야 맞습니다.

✚ 游泳池 yóuyǒngchí 游泳馆 yóuyǒngguǎn 명 수영장 | 游泳帽 yóuyǒngmào 명 수영 모자 | 游泳衣 yóuyǒngyī 명 수영복

游戏
yóuxì

游 yóu 통 놀다, 즐기다
戏 xì 명 놀이, 게임

명 게임, 오락
통 놀다, 장난치다

这个电脑游戏很有意思。 이 컴퓨터 게임은 재미있다.
Zhège diànnǎo yóuxì hěn yǒu yìsi.
》 电脑 diànnǎo 명 컴퓨터

玩游戏 게임을 하다
wán yóuxì
》 玩 wán 통 놀다

电脑游戏 컴퓨터 게임
diànnǎo yóuxì

有
yǒu

> 又 오른손 모양 + 月 달
> 오른손(又)으로 달(月)을 갖고(有) 싶어 해요.

동 있다[존재나 소유를 나타냄]
没有 | 有名 ▶ p.216 | 只有 ▶ p.216

桌子上有一本词典。
Zhuōzi shang yǒu yì běn cídiǎn.
책상 위에 사전 한 권이 있다.

» 词典 cídiǎn 명 사전

✚ 有点(儿) yǒudiǎn(r) 부 조금, 약간 | 有些 yǒuxiē 대 일부, 어떤 부 조금, 약간 | 有时候 yǒushíhou 부 이따금, 간혹, 가끔

没有
méiyǒu

> 没 méi 동 없다 부 (아직) ~않다
> 有 yǒu 동 있다

동 없다[존재나 소유의 부정을 나타냄]
부 (아직) ~않다[경험, 행위, 사실 등의 부정을 나타냄]

我没有手机。 → 동사 용법
Wǒ méiyǒu shǒujī.
나는 휴대전화가 없다.

我没有去过中国。 부사 용법
Wǒ méiyǒu qùguo Zhōngguó.
나는 중국에 가 본 적이 없다.

> **Tip** 동사로도, 부사로도 쓰이는 '没有'
> 명사 앞에 놓인 '没有'는 동사, 동사 앞에 놓인 '没有'는 부정부사로 사용된 것입니다.

有名
yǒumíng

有 yǒu 통 있다
名 míng 명 명성, 명예 ▶ p.161

형 유명하다[=著名 zhùmíng]

他是一位有名的医生。
Tā shì yí wèi yǒumíng de yīshēng.
그는 유명한 의사이다.

» 位 wèi 양 분[사람을 셀 때 쓰임]

只有
zhǐyǒu

只 zhǐ 부 단지, 오직
有 yǒu 통 있다

통 ~만 있다, ~밖에 없다
접 ~해야만 ~이다[뒤에 주로 '才' 등이 와서 호응함]

我只有一本词典。 →동사 용법
Wǒ zhǐyǒu yì běn cídiǎn.
나는 사전이 한 권뿐이다.

只有努力工作才能成功。 →접속사 용법
Zhǐyǒu nǔlì gōngzuò, cái néng chénggōng.
열심히 일해야만 성공할 수 있다.

» 才 cái 부 비로소 | 成功 chénggōng 통 성공하다

> **Tip** 只有A，才B
> '只有A，才B'는 'A해야만 비로소 B이다'라는 뜻으로, 반드시 A라는 전제 조건을 충족해야만 B라는 결과를 얻을 수 있음을 나타냅니다. 자주 쓰이는 구문이니 잘 암기해 두도록 하세요.

157

照 zhào

昭 밝다 + 灬(火) 불
불(灬)로 세상을 밝게(昭) 비춰요(照).

- 동 ❶ (빛을) 비추다, (빛이) 비치다
  ❷ (사진이나 영화를) 찍다 照片 | 照相机
  ❸ 보살피다, 돌보다 照顾 ▸ p.218
- 명 (정부에서 발행한) 증명서 护照 ▸ p.218
- 개 ~에 따라, ~대로

我跟朋友一起**照**了**照**片。 ▸동사2 용법
Wǒ gēn péngyou yìqǐ zhàole zhàopiàn.
나는 친구와 함께 사진을 찍었다.

照镜子 거울에 비추다, 거울을 보다
zhào jìngzi

》 镜子 jìngzi 명 거울

照片 zhàopiàn

照 zhào 동 (사진이나 영화를) 찍다
片 piàn 명 조각, 편

- 명 사진

这张**照片**照得很漂亮。 이 사진은 예쁘게 찍었다.
Zhè zhāng zhàopiàn zhào de hěn piàoliang.

拍**照片** 사진을 찍다   洗**照片** 사진을 현상하다
pāi zhàopiàn   xǐ zhàopiàn

》 拍 pāi 동 (사진을) 찍다 | 洗 xǐ 동 현상하다, 인화하다

照相机 zhàoxiàngjī

照 zhào 동 (사진이나 영화를) 찍다
相 xiàng 명 외관, 겉모습
机 jī 명 기계 ▸ p.139

- 명 사진기, 카메라[=相机 xiàngjī]

我把照相机忘在火车上了。
Wǒ bǎ zhàoxiàngjī wàng zài huǒchē shang le.
나는 카메라를 기차에서 잃어버렸다.

» 忘 wàng 동 잊다 | 火车 huǒchē 명 기차

> **Tip** 디지털 카메라
> '디지털 카메라'는 '数码相机 shùmǎ xiàngjī'라고 합니다.

照顾 zhàogù

照 zhào 동 돌보다, 보살피다
顾 gù 동 돌보다

동 돌보다, 보살피다

我生病的时候，妈妈一直照顾我。
Wǒ shēngbìng de shíhou, māma yìzhí zhàogù wǒ.
내가 아플 때, 엄마는 계속 나를 돌봐주셨다.

» 一直 yìzhí 부 줄곧, 계속

照顾孩子 아이를 돌보다   照顾病人 환자를 돌보다
zhàogù háizi   zhàogù bìngrén

护照 hùzhào

护 hù 동 지키다, 보호하다
照 zhào 명 증명서

명 여권

我的护照在书包里。 내 여권은 책가방 안에 있다.
Wǒ de hùzhào zài shūbāo li.

办理护照   护照检查
bànlǐ hùzhào   hùzhào jiǎnchá
여권을 발급하다   여권 검사

» 办理 bànlǐ 동 처리하다, (수속을) 밟다 | 检查 jiǎnchá 동 검사하다

158

知
zhī

矢 화살 + 口 입
화살(矢)이 입(口) 주위로 휙 지나가는 것을 알아차렸다(知).

동 ❶ 알다, 이해하다 知道
　　❷ 알리다 通知 ▶ p.220
명 지식, 학문

弟弟只知学习。　→ 동사1 용법
Dìdi zhǐ zhī xuéxí.
남동생은 공부밖에 모른다.

》 只 zhǐ 부 단지, 오직

➕ 知识 zhīshi 명 지식

知道
zhīdào

知 zhī 동 알다, 이해하다
道 dào 명 도덕, 윤리

동 알다, 이해하다

他知道我是韩国人。
Tā zhīdào wǒ shì Hánguórén.
그는 내가 한국 사람인 것을 안다.

不知道 모른다
bù zhīdào

想知道 알고 싶다, 궁금해하다
xiǎng zhīdào

> **Tip** '절'을 목적어로 갖는 '知道'
> '知道'는 '주어+知道+절[주어+술어+목적어]' 형태로 많이 쓰입니다. '他知道我是韩国人。'에서 '주어+술어+목적어' 구조의 '我是韩国人'이 '知道'의 목적어입니다.

通知 tōngzhī

通 tōng 동 전달하다, 통지하다
知 zhī 동 알리다

동 통지하다, 알리다
명 통지, 통지서

经理通知我们明天放假。 → 동사 용법
Jīnglǐ tōngzhī wǒmen míngtiān fàngjià.
사장님이 우리에게 내일 휴가라고 통지했다.

» 放假 fàngjià 동 (학교나 직장이) 휴가로 쉬다

最 zuì

日 말하다 + 取 가지다
사람들은 말로(日) 가지라고(取) 하면 가장(最) 좋은 것을 골라요.

부 제일, 가장, 최고 最后 | 最近

+ 最好 zuìhǎo 부 ~하는 게 제일 좋다

最后 zuìhòu

最 zuì 부 제일, 가장, 최고
后 hòu 명 뒤

명 최후, 제일 마지막[↔最初 zuìchū]

今天是最后一堂课了。 오늘이 마지막 수업입니다.
Jīntiān shì zuìhòu yì táng kè le.

最后决定
zuìhòu juédìng
최종 결정

最后一刻
zuìhòu yíkè
마지막 순간

最后一名
zuìhòu yì míng
꼴찌

» 决定 juédìng 명 결정 | 一刻 yíkè 수량 잠시, 잠깐

最近
zuìjìn

最 zuì 〖부〗 제일, 가장, 최고
近 jìn 〖형〗 가깝다 ▶ p.59

〖명〗 최근, 요즘

他**最近**去中国旅游了。
Tā zuìjìn qù Zhōngguó lǚyóu le.
그는 최근에 중국으로 여행을 갔다.

最近怎么样? 요즘 어떠세요?
Zuìjìn zěnmeyàng?

最近几天 최근 며칠
zuìjìn jǐ tiān

» 天 tiān 〖명〗 날, 하루

160

作
zuò

亻(人) 사람 + 乍 갑자기
사람(亻)이 갑자기(乍) 일을 하면(作) 적응을 잘 못해요.

〖동〗 ❶ (어떤 일이나 활동, 행동을) 하다, 실행하다
工**作** | **作**业 ▶ p.222
❷ 글을 쓰다, 창작하다

〖명〗 작품

➕ **作**用 zuòyòng 〖명〗 작용, 효과 | 动**作** dòngzuò 〖명〗 동작, 활동 | **作**品 zuòpǐn 〖명〗 작품 | **作**家 zuòjiā 〖명〗 작가 | **作**者 zuòzhě 〖명〗 저자, 필자, 작가 | **作**文 zuòwén 〖명〗 작문, 글

工作
gōngzuò

工 gōng 〖명〗 작업, 노동, 일
作 zuò 〖동〗 하다, 실행하다

〖동〗 일하다

CHAPTER 3 핵심 글자와 단어로 실력 다지기 ★ 221

[명] ❶ 업무, 일
❷ 일자리, 직업

找到满意的工作不是一件容易的事。
Zhǎodào mǎnyì de gōngzuò bú shì yí jiàn róngyì de shì.
만족스러운 직업을 찾는다는 것은 쉬운 일이 아니다. →명사2 용법

» 满意 mǎnyì [형] 만족하다, 만족스럽다   容易 róngyì [형] 쉽다

找工作 일자리를 구하다
zhǎo gōngzuò

努力工作 열심히 일하다
nǔlì gōngzuò

工作环境 작업 환경
gōngzuò huánjìng

» 环境 huánjìng [명] 환경

zuòyè

作 zuò [동] 하다, 실행하다
业 yè [명] 학업

[명] 숙제, 과제

我今天不想做作业。 나는 오늘 숙제 하기 싫다.
Wǒ jīntiān bù xiǎng zuò zuòyè.

做作业 숙제를 하다
zuò zuòyè

完成作业 숙제를 마치다
wánchéng zuòyè

SPEED CHECK

STEP 1 한국어 뜻을 보고, 그에 해당하는 중국어 단어를 말해 보세요.

- 아래, 다음, 내려가다, (일을) 마치다, 번
- 오후
- 비가 내리다
- 한 번, 좀 ~하다[동사 뒤에 쓰임]
- 작다, 적다, 어리다
- 아가씨, ~양
- 시간
- 조심하다, 주의하다
- 마음, 생각, 심장, 한가운데, 중심
- 걱정하다, 근심하다
- 새롭다, 새것의
- 뉴스
- 신선하다, 싱싱하다
- 배우다, 학습하다, 공부하다
- 유학하다
- 학생
- 수학
- 학교
- 필요하다, 중요하다, ~할 것이다, ~해야 한다, 만약
- 요구(하다)
- 필요로 하다, 요구되다
- 중요하다
- 주요한, 중요한, 주로, 대부분
- 뜻, 의미
- 만족하다, 만족스럽다

- ~하기를 바라다, 원하다, 바라다
- 주의하다, 조심하다
- 소리
- 음악
- 헤엄치다, 이리저리 돌아다니다, 놀다, 즐기다
- 수영하다
- 게임, 오락, 놀다, 장난치다
- 있다
- 없다, (아직) ~않다
- 유명하다
- ~만 있다, ~밖에 없다, ~해야만 ~이다
- (빛이) 비치다, (사진을) 찍다, 보살피다, 증명서, ~에 따라
- 사진
- 사진기, 카메라
- 돌보다, 보살피다
- 여권
- 알다, 이해하다, 알리다, 지식, 학문
- 알다, 이해하다
- 통지하다, 알리다, 통지(서)
- 제일, 가장, 최고
- 최후, 제일 마지막
- 최근, 요즘
- 하다, 실행하다, 글을 쓰다, 작품
- 일하다, 업무, 일, 일자리, 직업
- 숙제, 과제

CHAPTER 3 핵심 글자와 단어로 실력 다지기 ★ 223

SPEED CHECK

STEP 2 중국어 단어를 보고, 그에 해당하는 한국어 뜻을 말해 보세요.

- ☐ 下 xià
- ☐ 下午 xiàwǔ
- ☐ 下雨 xià yǔ
- ☐ 一下 yíxià
- ☐ 小 xiǎo
- ☐ 小姐 xiǎojiě
- ☐ 小时 xiǎoshí
- ☐ 小心 xiǎoxīn
- ☐ 心 xīn
- ☐ 担心 dānxīn
- ☐ 新 xīn
- ☐ 新闻 xīnwén
- ☐ 新鲜 xīnxiān
- ☐ 学 xué 学习 xuéxí
- ☐ 留学 liúxué
- ☐ 学生 xuésheng
- ☐ 数学 shùxué
- ☐ 学校 xuéxiào
- ☐ 要 yāo / yào
- ☐ 要求 yāoqiú
- ☐ 需要 xūyào
- ☐ 重要 zhòngyào
- ☐ 主要 zhǔyào
- ☐ 意 yì 意思 yìsi
- ☐ 满意 mǎnyì

- ☐ 愿意 yuànyì
- ☐ 注意 zhùyì
- ☐ 音 yīn 声音 shēngyīn
- ☐ 音乐 yīnyuè
- ☐ 游 yóu
- ☐ 游泳 yóuyǒng
- ☐ 游戏 yóuxì
- ☐ 有 yǒu
- ☐ 没有 méiyǒu
- ☐ 有名 yǒumíng
- ☐ 只有 zhǐyǒu
- ☐ 照 zhào
- ☐ 照片 zhàopiàn
- ☐ 照相机 zhàoxiàngjī
- ☐ 照顾 zhàogù
- ☐ 护照 hùzhào
- ☐ 知 zhī
- ☐ 知道 zhīdào
- ☐ 通知 tōngzhī
- ☐ 最 zuì
- ☐ 最后 zuìhòu
- ☐ 最近 zuìjìn
- ☐ 作 zuò
- ☐ 工作 gōngzuò
- ☐ 作业 zuòyè

색인

A

급	단어	병음	쪽수
3급	矮	ǎi	26, 34
	矮小	ǎixiǎo	34, 200
1급	爱	ài	34
3급	爱好	àihào	34, 51
	爱人	àiren	34
	安	ān	21
	安全带	ānquándài	42

B

급	단어	병음	쪽수
	白酒	báijiǔ	61
3급	班	bān	23
	班长	bānzhǎng	109
3급	搬	bān	34
	搬家	bānjiā	36
	办	bàn	17, 96
3급	办法	bànfǎ	96
3급	办公室	bàngōngshì	96
5급	办理	bànlǐ	96
	办事	bànshì	96, 182
	半天	bàntiān	188
	拌饭	bànfàn	47
	帮	bāng	97
3급	帮忙	bāngmáng	97
2급	帮助	bāngzhù	98
3급	包	bāo	98
5급	包裹	bāoguǒ	99
5급	包子	bāozi	100
3급	饱	bǎo	20, 36
	背包	bèibāo	99
3급	被	bèi	28
1급	本	běn	23
	本子	běnzi	143
2급	比	bǐ	100
3급	比较	bǐjiào	101
5급	比如	bǐrú	101
3급	比赛	bǐsài	101
	笔	bǐ	29, 37
4급	笔记本	bǐjìběn	37, 143
5급	便	biàn/pián	102
	便利店	biànlìdiàn	102
2급	别	bié	14, 104
3급	别人	biérén	104
3급	宾馆	bīnguǎn	48
	冰	bīng	15, 37
	冰激凌	bīngjīlíng	37
	冰咖啡	bīngkāfēi	37
	冰淇淋	bīngqílín	37
3급	冰箱	bīngxiāng	37, 83
	病	bìng	27
5급	博物馆	bówùguǎn	48
	补习班	bǔxíbān	193
1급	不	bù	105
	不便	búbiàn	102
	不错	búcuò	106
4급	不但	búdàn	106
4급	不过	búguò	105
	不久	bùjiǔ	60
1급	不客气	bú kèqi	107
	不同	bùtóng	189
	不要	búyào	107
	不用	búyòng	105

C

급	단어	병음	쪽수
1급	菜	cài	38
	菜包子	càibāozi	100
3급	菜单	càidān	38, 122
3급	草	cǎo	18
3급	层	céng	22

226

1급	茶	chá	18
	茶馆	cháguǎn	48
3급	差	chà/chāi	17, 108
4급	差不多	chàbuduō	108
2급	长	cháng/zhǎng	108
4급	长城	Chángchéng	109
	长短	chángduǎn	46
	长跑	chángpǎo	72
	长途	chángtú	109
	长椅	chángyǐ	109
	厂	chǎng	14
4급	场	chǎng	17
	场地	chǎngdì	141
	唱	chàng	18, 38
2급	唱歌	chàng gē	38
3급	超市	chāoshì	182
	炒饭	chǎofàn	47
	车	chē	39
	车票	chēpiào	39
	车站	chēzhàn	132
5급	称	chēng	27
	城	chéng	17
	城市	chéngshì	181
4급	乘坐	chéngzuò	91
1급	吃	chī	18, 39
	吃醋	chīcù	40
	吃饭	chīfàn	47
2급	出	chū	110
4급	出差	chūchāi	110
4급	出发	chūfā	111
	出国	chūguó	49
	出境	chūjìng	110
5급	出口	chūkǒu	64, 110
	出门	chūmén	110
	出事	chūshì	182
5급	出席	chūxí	110
3급	出现	chūxiàn	112
	出院	chūyuàn	111
1급	出租车	chūzūchē	112
3급	厨房	chúfáng	48
2급	穿	chuān	28, 40
	窗	chuāng	28
	床	chuáng	20
	春天	chūntiān	188
3급	聪明	cōngming	162
	聪明人	cōngmingrén	162
	存钱	cúnqián	74
2급	错	cuò	26, 41

D

	打	dǎ	18, 113
	打车	dǎchē	113
1급	打电话	dǎ diànhuà	113
5급	打工	dǎgōng	113
	打开	dǎkāi	113, 151
2급	打篮球	dǎ lánqiú	114
4급	打扰	dǎrǎo	113
3급	打扫	dǎsǎo	114
	打算	dǎsuan	115
5급	打听	dǎtīng	113
4급	打折	dǎzhé	113
4급	打针	dǎzhēn	114
	打字	dǎzì	113
1급	大	dà/dài	115
	大便	dàbiàn	102
4급	大概	dàgài	115
	大哥	dàgē	115
	大海	dàhǎi	115
2급	大家	dàjiā	55, 116
	大姐	dàjiě	115
4급	大使馆	dàshǐguǎn	48, 116
	大学	dàxué	115

	大学生	dàxuéshēng	115, 205		3级	动物	dòngwù	124
	大衣	dàyī	115			动物园	dòngwùyuán	124
4级	大夫	dàifu	116		4级	动作	dòngzuò	221
3级	带	dài	42		1级	都	dōu	16
	担心	dānxīn	202			独唱	dúchàng	38
2级	但是	dànshì	106			独生女	dúshēngnǚ	178
4级	导游	dǎoyóu	213			独生子	dúshēngzǐ	178
2级	得	de/dé/děi	19		1级	读	dú	16, 45
3级	灯	dēng	43			读书	dúshū	45, 79
2级	等	děng	29			读物	dúwù	45
3级	地	dì/de	17, 117			读者	dúzhě	45
	地点	dìdiǎn	118		4级	堵车	dǔchē	39
3级	地方	dìfang	118		3级	短	duǎn	26, 45
4级	地球	dìqiú	117			短跑	duǎnpǎo	72
3级	地铁	dìtiě	117			短期	duǎnqī	46
	地铁站	dìtiězhàn	117		5级	短信	duǎnxìn	46
3级	地图	dìtú	117			队长	duìzhǎng	109
4级	地址	dìzhǐ	117			对	duì	125
1级	点	diǎn	25, 121		1级	对不起	duìbuqǐ	125
	点菜	diǎncài	121		4级	对话	duìhuà	126
	点名	diǎnmíng	121		4级	对面	duìmiàn	126
5级	点头	diǎntóu	121		4级	顿	dùn	28
5级	点心	diǎnxin	121, 202		1级	多	duō	46
	电	diàn	43			多久	duōjiǔ	46, 60
	电灯	diàndēng	43		3级	多么	duōme	46
	电话号码	diànhuà hàomǎ	51		1级	多少	duōshao	46
	电子邮箱	diànzǐ yóuxiāng	83					
	店	diàn	20, 44			**E**		
	店员	diànyuán	44, 89					
	钓鱼	diàoyú	88		3级	饿	è	20, 47
	冬天	dōngtiān	188					
2级	懂	dǒng	44			**F**		
	懂事	dǒngshì	182					
	动	dòng	17, 123			发胖	fāpàng	72
	动画	dònghuà	53			发音	fāyīn	212
	动画片	dònghuàpiān	123					
	动手术	dòng shǒushù	123					

228

	饭	fàn	20, 47
	饭菜	fàncài	47
	饭店	fàndiàn	47
1급	饭馆	fànguǎn	48
	饭碗	fànwǎn	47
3급	方便	fāngbiàn	103
	方便面	fāngbiànmiàn	103
4급	方向	fāngxiàng	118
	房	fáng	48
	房地产	fángdìchǎn	48
5급	房东	fángdōng	48
2급	房间	fángjiān	48
	房间号码	fángjiān hàomǎ	51
	房子	fángzi	48
3급	放	fàng	127
	放假	fàngjià	128
3급	放心	fàngxīn	127
	放学	fàngxué	127
1급	飞机	fēijī	139
	肥	féi	25
	费	fèi	24
3급	分	fēn	16
	分公司	fēngōngsī	133
	粉	fěn	29
2급	服务员	fúwùyuán	89
3급	附近	fùjìn	59
3급	复习	fùxí	193

G

	改	gǎi	24
	干洗	gānxǐ	194
	感	gǎn	128
4급	感动	gǎndòng	129
3급	感冒	gǎnmào	129
	感冒药	gǎnmàoyào	87, 129
4급	感谢	gǎnxiè	129

	感兴趣	gǎn xìngqù	129
	钢笔	gāngbǐ	37
2급	高	gāo	130
	高个子	gāogèzi	130
6급	高考	gāokǎo	153
	高手	gāoshǒu	184
5급	高速公路	gāosù gōnglù	130
1급	高兴	gāoxìng	130
	高中	gāozhōng	130
	歌手	gēshǒu	184
2급	给	gěi	23
1급	工作	gōngzuò	221
	公	gōng	15, 132
2급	公共汽车	gōnggòng qìchē	132
2급	公斤	gōngjīn	133
4급	公里	gōnglǐ	134
2급	公司	gōngsī	133
	公用	gōngyòng	88
	公用电话	gōngyòng diànhuà	132
5급	公寓	gōngyù	132
3급	公园	gōngyuán	133
	共	gòng	15
1급	狗	gǒu	19
	购	gòu	24
	购买	gòumǎi	68
3급	故事	gùshi	183
4급	故意	gùyì	210
	刮	guā	14
3급	关	guān	134
	关灯	guān dēng	134
	关机	guānjī	134
3급	关系	guānxi	134
3급	关心	guānxīn	135
3급	关于	guānyú	135
	馆	guǎn	48
4급	光	guāng	15
2급	贵	guì	24, 49

	贵公司	guì gōngsī	133		花瓶	huāpíng	53
	贵姓	guìxìng	49	3级	花园	huāyuán	53
	贵重品	guìzhòngpǐn	49	5级	滑冰	huábīng	37
	国	guó	19, 49	3级	画	huà	53
4级	国际	guójì	49		画家	huàjiā	53
3级	国家	guójiā	49, 55		画展	huàzhǎn	53
	国内	guónèi	49		话	huà	16
	国外	guówài	49		欢	huān	136
	果	guǒ	50	2级	欢迎	huānyíng	136
3级	果汁	guǒzhī	50	3级	换	huàn	53
3级	过去	guòqu	77		换乘	huànchéng	54
					换钱	huànqián	54
				1级	回	huí	19, 137
				2级	回答	huídá	137
H					回国	huíguó	49, 137
					回家	huíjiā	137
4级	汗	hàn	20		回来	huílái	137
1级	好	hǎo/hào	22, 50		回去	huíqù	137
2级	好吃	hǎochī	40, 51	1级	会	huì	138
4级	好处	hǎochu	51		会场	huìchǎng	138
	好动	hàodòng	51	3级	会议	huìyì	138
	好感	hǎogǎn	129		会长	huìzhǎng	138
	好看	hǎokàn	51		绘画	huìhuà	53
	好事	hǎoshì	51				
	好听	hǎotīng	51, 82				
2级	号	hào	51	**J**			
4级	号码	hàomǎ	51				
1级	喝	hē	51		机	jī	139
	合唱	héchàng	38	2级	机场	jīchǎng	140
	盒饭	héfàn	47	3级	机会	jīhuì	138, 141
1级	很	hěn	19		机票	jīpiào	140
2级	红	hóng	23		鸡	jī	27
	红绿灯	hónglǜdēng	43		记	jì	141
1级	后面	hòumiàn	159	3级	记得	jìde	142
3级	护照	hùzhào	218	5级	记录	jìlù	141
3级	花	huā	18, 52	5级	记忆	jìyì	141
	花粉	huāfěn	53	4级	记者	jìzhě	141
	花盆	huāpén	53				

3급	季节	jìjié	148
	加	jiā	17
1급	家	jiā	21, 55
	家电	jiādiàn	55
4급	家具	jiājù	55
	家人	jiārén	55
5급	家庭	jiātíng	55
	家长	jiāzhǎng	55
	剪	jiǎn	16
3급	见面	jiànmiàn	159
	江	jiāng	20
3급	讲	jiǎng	55
	讲话	jiǎnghuà	56
	讲课	jiǎngkè	56
3급	脚	jiǎo	25, 57
1급	叫	jiào	18, 57
	叫醒	jiàoxǐng	58
3급	教	jiào/jiāo	24, 56
5급	教练	jiàoliàn	56
2급	教室	jiàoshì	56
4급	教授	jiàoshòu	56
4급	教育	jiàoyù	56
3급	接	jiē	58
	节	jié	147
	节电	jiédiàn	148
3급	节目	jiémù	148
3급	节日	jiérì	149
4급	节约	jiéyuē	148
	结	jié/jiē	146
4급	结果	jiéguǒ	50, 146
3급	结婚	jiéhūn	146
3급	结束	jiéshù	147
5급	结账	jiézhàng	146
3급	解决	jiějué	150
3급	借	jiè	58
5급	借口	jièkǒu	59
	今年	jīnnián	164

1급	今天	jīntiān	188
5급	进口	jìnkǒu	64
2급	近	jìn	21, 59
3급	久	jiǔ	60
	酒	jiǔ	20, 60
5급	酒吧	jiǔbā	61
	酒店	jiǔdiàn	61
	酒鬼	jiǔguǐ	61
	酒量	jiǔliàng	61
	居住	jūzhù	90
	局	jú	22
5급	聚会	jùhuì	138
	决	jué	15, 149
3급	决定	juédìng	150
5급	决赛	juésài	149
5급	决心	juéxīn	149

K

1급	开	kāi	151
	开车	kāichē	39, 151
	开关	kāiguān	134
	开花	kāihuā	53, 151
	开会	kāihuì	138
	开门	kāimén	151
2급	开始	kāishǐ	151
4급	开玩笑	kāi wánxiào	84, 152
1급	看	kàn	26, 61
	看病	kànbìng	61
1급	看见	kànjiàn	61
	看书	kàn shū	79
	考	kǎo	152
4급	考虑	kǎolǜ	153
	考上	kǎoshàng	174
2급	考试	kǎoshì	153
	烤面包	kǎo miànbāo	160

级	词	拼音	页码
3级	可爱	kě'ài	34
	空	kōng/kòng	28
	空中小姐	kōngzhōng xiǎojiě	201
3级	口	kǒu	64
	口袋	kǒudai	64
	口红	kǒuhóng	64
3级	哭	kū	64
	裤	kù	28
2级	快	kuài	21, 65
	快餐	kuàicān	65
	快递	kuàidì	65
2级	快乐	kuàilè	65
5级	矿泉水	kuàngquánshuǐ	185

L

级	词	拼音	页码
4级	拉	lā	18
5级	狼	láng	19
3级	老	lǎo	66
	老人	lǎorén	66
1级	老师	lǎoshī	66
5级	类	lèi	29
2级	累	lèi	66
1级	冷	lěng	15, 67
	冷面	lěngmiàn	67
	冷水	lěngshuǐ	67, 185
2级	离	lí	154
5级	离婚	líhūn	154
3级	离开	líkāi	154
	礼	lǐ	25
	理	lǐ	23
	力	lì	155
4级	力气	lìqi	155
	利	lì	14
3级	练习	liànxí	193
4级	凉快	liángkuai	65
4级	亮	liàng	67

级	词	拼音	页码
	聊	liáo	156
4级	聊天	liáotiān	156, 188
5级	零钱	língqián	74
	零用钱	língyòngqián	88
4级	留学	liúxué	204
1级	六	liù	15
3级	楼	lóu	23
2级	路	lù	29
	旅	lǚ	158
	旅途	lǚtú	158
	旅行	lǚxíng	158
	旅行车	lǚxíngchē	158
	旅行团	lǚxíngtuán	158
2级	旅游	lǚyóu	158
	旅游车	lǚyóuchē	159
	旅游地	lǚyóudì	159
	旅游团	lǚyóutuán	159

M

级	词	拼音	页码
	妈	mā	22
3级	马上	mǎshàng	175
1级	买	mǎi	68
	买单	mǎidān	68
	买卖	mǎimai	68
5级	馒头	mántou	191
3级	满意	mǎnyì	211
6级	漫画	mànhuà	53
2级	慢	màn	21, 68
	慢跑	mànpǎo	68
2级	忙	máng	21
	盲	máng	26
	没有	méiyǒu	215
	眉	méi	26
	每天	měitiān	188
	美	měi	69

4급	美丽	měilì	69
	美女	měinǚ	69
5급	美术	měishù	69
2급	门	mén	69
	门口	ménkǒu	64, 69
	门铃	ménlíng	69
	门票	ménpiào	69
1급	米饭	mǐfàn	47
	面	miàn	159
3급	面包	miànbāo	160
	面包车	miànbāochē	160
	面包店	miànbāodiàn	160
	面包房	miànbāofáng	160
	面包师	miànbāoshī	160
	面膜	miànmó	159
	面试	miànshì	159
3급	面条	miàntiáo	160
	名	míng	161
	名菜	míngcài	161
5급	名牌	míngpái	161
	名牌大学	míngpái dàxué	161
1급	名字	míngzi	161
	明	míng	162
3급	明白	míngbai	163
	明亮	míngliàng	68
	明年	míngnián	162, 164
1급	明天	míngtiān	163, 188
	明星	míngxīng	162
4급	目的	mùdì	148

N

3급	拿	ná	70
	拿手菜	náshǒucài	38
1급	那	nà	16
	男学生	nánxuésheng	205

3급	难	nán	71
	难吃	nánchī	40, 71
3급	难过	nánguò	71
5급	难看	nánkàn	71
	难题	nántí	71
	难听	nántīng	71, 82
	脑	nǎo	25
4급	能力	nénglì	155
1급	你	nǐ	14
1급	年	nián	164
3급	年级	niánjí	164
5급	年纪	niánjì	164
3급	年轻	niánqīng	165
	年轻人	niánqīngrén	165
3급	鸟	niǎo	27, 71
3급	努力	nǔlì	156
	女学生	nǚxuésheng	205

P

3급	胖	pàng	72
	胖乎乎	pànghūhū	72
	胖子	pàngzi	72
	跑	pǎo	29, 72
2급	跑步	pǎobù	72
	泡菜	pàocài	38
2급	便宜	piányi	103
2급	票	piào	73
1급	漂亮	piàoliang	68
1급	苹果	píngguǒ	50
	葡萄酒	pútáojiǔ	61

Q

| 3급 | 骑 | qí | 73 |

级	词	拼音	页码
	起	qǐ	165
2级	起床	qǐchuáng	166
4级	起飞	qǐfēi	167
4级	起来	qǐlai	166
3级	铅笔	qiānbǐ	37
1级	前面	qiánmiàn	159
1级	钱	qián	26, 74
	钱包	qiánbāo	74, 99
	强	qiáng	22
	巧	qiǎo	17
4级	巧克力	qiǎokèlì	155
2级	切	qiē	16
2级	晴	qíng	24, 75
	晴天	qíngtiān	75
1级	请	qǐng	75
4级	请假	qǐngjià	76
4级	请客	qǐngkè	76
	请问	qǐngwèn	76
3级	秋	qiū	27
	秋天	qiūtiān	188
	球	qiú	23, 76
	取钱	qǔqián	74
1级	去	qù	77
2级	去年	qùnián	77, 164
	裙	qún	28

R

级	词	拼音	页码
1级	热	rè	25, 168
	热菜	rècài	168
	热狗	règǒu	168
	热量	rèliàng	168
4级	热闹	rènao	168
3级	热情	rèqíng	169
	热水	rèshuǐ	168, 185
	热天	rètiān	168

级	词	拼音	页码
5级	人口	rénkǒu	64
	认	rèn	172
1级	认识	rènshi	172
3级	认为	rènwéi	173
4级	认真	rènzhēn	173
4级	日记	rìjì	149
	日子	rìzi	149
	肉	ròu	78
	肉包子	ròubāozi	100
3级	如果	rúguǒ	50
4级	入口	rùkǒu	64
	入学	rùxué	204
5级	弱	ruò	22

S

级	词	拼音	页码
	赛跑	sàipǎo	72
	三明治	sānmíngzhì	162
3级	伞	sǎn	78
	色	sè	79
6级	色彩	sècǎi	79
1级	上	shàng/shang	174
2级	上班	shàngbān	175
	上班族	shàngbānzú	176
	上菜	shàng cài	174
	上车	shàng chē	174
	上次	shàngcì	174
	上课	shàngkè	174
	上面	shàngmiàn	174
3级	上网	shàngwǎng	176
	上午	shàngwǔ	175
	上学	shàngxué	174, 204
2级	身体	shēntǐ	187
	生	shēng	177
2级	生病	shēngbìng	179
	生词	shēngcí	178

4급	生活	shēnghuó	178, 180
3급	生气	shēngqì	179
2급	生日	shēngrì	178
	生日贺卡	shēngrì hèkǎ	178
	生日礼物	shēngrì lǐwù	178
	生鱼片	shēngyúpiàn	88
3급	声音	shēngyīn	212
5급	实习	shíxí	193
4급	使用	shǐyòng	88
	世界地图	shìjiè dìtú	118
	市	shì	181
4급	市场	shìchǎng	181
	市中心	shì zhōngxīn	181
	事	shì	182
2급	事情	shìqing	182
	视	shì	25
4급	收	shōu	24
	收音机	shōuyīnjī	212
	手	shǒu	184
2급	手表	shǒubiǎo	184
2급	手机	shǒujī	139, 185
	手机号码	shǒujī hàomǎ	51, 185
5급	手术	shǒushù	184
5급	手套	shǒutào	184
5급	手续	shǒuxù	184
4급	售货员	shòuhuòyuán	89
1급	书	shū	79
	书包	shūbāo	79, 99
5급	书架	shūjià	79
	书桌	shūzhuō	79
5급	蔬菜	shūcài	38
3급	树	shù	23
3급	数学	shùxué	206
	数学家	shùxuéjiā	206
1급	水	shuǐ	185
1급	水果	shuǐguǒ	50, 186
3급	水平	shuǐpíng	186

	睡	shuì	80
1급	睡觉	shuìjiào	80
	睡眠	shuìmián	80
	睡衣	shuìyī	80
	顺	shùn	28
	说	shuō	16, 80
1급	说话	shuōhuà	81
4급	说明	shuōmíng	81, 162
	说明书	shuōmíngshū	81
3급	司机	sījī	133, 140
1급	四	sì	19
2급	送	sòng	21, 81
	送别会	sòngbiéhuì	81

T

1급	他	tā	14
1급	她	tā	22
	谈恋爱	tán liàn'ài	34
3급	糖	táng	29
3급	特别	tèbié	104
	特快	tèkuài	65
3급	疼	téng	27
	提包	tíbāo	99
3급	提高	tígāo	131
2급	题	tí	28
	体	tǐ	187
	体温	tǐwēn	187
3급	体育	tǐyù	188
	体育馆	tǐyùguǎn	188
	体育中心	tǐyù zhōngxīn	188
	体重	tǐzhòng	187
	天	tiān	188
	天亮	tiānliàng	68
	天气	tiānqì	189
	天坛公园	Tiāntán Gōngyuán	133

	跳	tiào	29, 82
	跳高	tiàogāo	82
	跳水	tiàoshuǐ	82
2级	跳舞	tiàowǔ	82
	跳远	tiàoyuǎn	82
	厅	tīng	14
1级	听	tīng	82
	听不懂	tīng bu dǒng	82
	听得懂	tīng de dǒng	82
	听见	tīngjiàn	82
	听课	tīngkè	82
	听力	tīnglì	82
	听说	tīngshuō	82
4级	通知	tōngzhī	220
	同	tóng	189
3级	同事	tóngshì	189
	同屋	tóngwū	189
1级	同学	tóngxué	190
	同学会	tóngxuéhuì	190
3级	同意	tóngyì	190
	痛	tòng	27
	头	tóu/tou	191
	头发	tóufa	191
	头脑	tóunǎo	191
	头疼	tóuténg	191
	头痛	tóutòng	191
	头痛药	tóutòngyào	87
	头晕	tóuyūn	191
	图画	túhuà	53
3级	图书馆	túshūguǎn	48, 79, 118
	退票	tuìpiào	73

W

	外国	wàiguó	49
2级	完	wán	21, 192

3级	完成	wánchéng	192
	晚	wǎn	24
	晚饭	wǎnfàn	47
2级	晚上	wǎnshang	177
	网聊	wǎngliáo	156
4级	网球	wǎngqiú	176
4级	往	wǎng	19
3级	忘记	wàngjì	142
3级	位	wèi	14
2级	问	wèn	83
	问好	wènhǎo	83
2级	问题	wèntí	83
	屋	wū	22
4级	无聊	wúliáo	157
	午饭	wǔfàn	47

X

	习	xí	193
3级	习惯	xíguàn	194, 205
2级	洗	xǐ	194
	洗发水	xǐfàshuǐ	194
3级	洗手间	xǐshǒujiān	195
4级	洗衣机	xǐyījī	139, 194
3级	洗澡	xǐzǎo	195
	洗澡间	xǐzǎojiān	195
1级	喜欢	xǐhuan	136
	细	xì	23
1级	下	xià	198
	下班	xiàbān	198
	下车	xià chē	198
	下次	xiàcì	198
	下个星期	xià ge xīngqī	198
	下课	xiàkè	198
	下面	xiàmiàn	198
1级	下午	xiàwǔ	198

	下雪	xià xuě	199
	下雨	xià yǔ	199
	下周	xià zhōu	198
	夏天	xiàtiān	188
3급	先	xiān	15
1급	先生	xiānsheng	180
1급	现在	xiànzài	113
	相爱	xiāng'ài	34
	箱	xiāng	83
	箱子	xiāngzi	83
1급	小	xiǎo	200
	小便	xiǎobiàn	102
5급	小吃	xiǎochī	40, 200
2급	小时	xiǎoshí	201
4급	小说	xiǎoshuō	200
5급	小偷	xiǎotōu	200
3급	小心	xiǎoxīn	201
	小学	xiǎoxué	200
	小学生	xiǎoxuésheng	205
3급	校长	xiàozhǎng	109, 206
2급	笑	xiào	29, 84
4급	笑话	xiàohua	84
	笑容	xiàoróng	84
3급	鞋	xié	85
	鞋带	xiédài	42
1급	写	xiě	85
	心	xīn	202
	心事	xīnshì	182, 202
2급	新	xīn	202
	新年	xīnnián	203
	新生	xīnshēng	203
3급	新闻	xīnwén	203
3급	新鲜	xīnxiān	203
4급	信用卡	xìnyòngkǎ	88
3급	行李箱	xínglixiāng	83
	兄	xiōng	15
	休学	xiūxué	204

	需要	xūyào	208
4급	许多	xǔduō	46
	学	xué	204
	学费	xuéfèi	204
6급	学历	xuélì	204
5급	学期	xuéqī	204
1급	学生	xuésheng	205
1급	学习	xuéxí	205
1급	学校	xuéxiào	206

Y

	压	yā	14
4급	压力	yālì	155
	鸭	yā	27
2급	颜色	yánsè	79
	眼	yǎn	86
2급	眼睛	yǎnjing	86
3급	眼镜	yǎnjìng	86
4급	演员	yǎnyuán	89
	阳伞	yángsǎn	78
2급	要	yāo/yào	207
3급	要求	yāoqiú	207
	腰带	yāodài	42
2급	药	yào	86
	药店	yàodiàn	87
	药方	yàofāng	87
5급	要是	yàoshi	207
	一点(儿)	yìdiǎn(r)	122
3급	一会儿	yíhuìr	139
2급	一起	yìqǐ	167
	一下	yíxià	199
	衣	yī	87
1급	医生	yīshēng	180
	意	yì	210
4급	意见	yìjiàn	210

2级	意思	yìsi	210
2级	阴	yīn	16
	音	yīn	212
3级	音乐	yīnyuè	213
	音乐会	yīnyuèhuì	213
	音乐家	yīnyuèjiā	213
3级	用	yòng	87
	油画	yóuhuà	53
	游	yóu	213
	游客	yóukè	159
5级	游览	yóulǎn	213
	游乐场	yóulèchǎng	213
	游乐园	yóulèyuán	213
3级	游戏	yóuxì	214
2级	游泳	yóuyǒng	214
	游泳池	yóuyǒngchí	214
	游泳馆	yóuyǒngguǎn	214
	游泳帽	yóuyǒngmào	214
	游泳衣	yóuyǒngyī	214
1级	有	yǒu	215
	有点（儿）	yǒudiǎn(r)	121, 215
3级	有名	yǒumíng	216
	有时候	yǒushíhou	215
	有些	yǒuxiē	215
2级	鱼	yú	88
	鱼肉	yúròu	88
4级	愉快	yúkuài	65
	雨伞	yǔsǎn	78
	雨天	yǔtiān	199
	员	yuán	89
	圆珠笔	yuánzhūbǐ	37
2级	远	yuǎn	21
3级	愿意	yuànyì	211
3级	月亮	yuèliang	68
4级	阅读	yuèdú	45
	运动场	yùndòngchǎng	124
	运动服	yùndòngfú	124
	运动鞋	yùndòngxié	124

Z

	早	zǎo	24
	早饭	zǎofàn	47
2级	早上	zǎoshang	177
6级	赠送	zèngsòng	81
	展览馆	zhǎnlǎnguǎn	48
2级	张	zhāng	22
2级	找	zhǎo	18, 89
	找钱	zhǎoqián	74, 89
	照	zhào	25, 217
3级	照顾	zhàogù	218
3级	照片	zhàopiàn	217
3级	照相机	zhàoxiàngjī	139, 217
5级	挣钱	zhèngqián	74
	知	zhī	26, 219
2级	知道	zhīdào	220
4级	知识	zhīshi	219
4级	只要	zhǐyào	207
	只有	zhǐyǒu	216
	智能手机	zhìnéng shǒujī	185
	中国大使馆	Zhōngguó dàshǐguǎn	116
5级	中心	zhōngxīn	202
	中学生	zhōngxuéshēng	205
5级	钟	zhōng	26
	种	zhǒng/zhòng	27
4级	重点	zhòngdiǎn	122
3级	重要	zhòngyào	208
	猪	zhū	19
3级	主要	zhǔyào	209
4级	主意	zhǔyi	210
1级	住	zhù	90
6级	住宅	zhùzhái	90
3级	注意	zhùyì	212

238

	注意力	zhùyìlì	212
3급	祝	zhù	25
	赚钱	zhuànqián	74
	子	zi	90
5급	自动	zìdòng	124
	总公司	zǒnggōngsī	133
2급	最	zuì	220
4급	最好	zuìhǎo	220
4급	最后	zuìhòu	220
3급	最近	zuìjìn	59, 221
1급	昨天	zuótiān	188
	左	zuǒ	17
	作	zuò	221
	作家	zuòjiā	221
5급	作品	zuòpǐn	221
5급	作文	zuòwén	221
3급	作业	zuòyè	222
3급	作用	zuòyòng	88, 221
	作者	zuòzhě	221
1급	坐	zuò	91
4급	座	zuò	20

색인 ★ 239

HSK 1~4급 VOCA 礼리物우

지은이 리우, 한난희
펴낸이 정규도
펴낸곳 (주)다락원

초판 1쇄 발행 2017년 3월 15일
초판 4쇄 발행 2025년 3월 12일

기획·편집 고은지, 이상윤, 최숙영, 박소정
디자인 윤지은, 최영란
일러스트 신성희
녹음 于海峰, 曹红梅, 허강원

다락원 경기도 파주시 문발로 211
전화 (02)736-2031(내선 250~252/내선 430~437)
팩스 (02)732-2037
출판등록 1977년 9월 16일 제406-2008-000007호

Copyright ⓒ 2017, 리우·한난희

저자 및 출판사의 허락 없이 이 책의 일부 또는 전부를 무단 복제·전재·발췌할 수 없습니다. 구입 후 철회는 회사 내규에 부합하는 경우에 가능하므로 구입처에 문의하시기 바랍니다. 분실·파손 등에 따른 소비자 피해에 대해서는 공정거래위원회에서 고시한 소비자 분쟁 해결 기준에 따라 보상 가능합니다. 잘못된 책은 바꿔 드립니다.

ISBN 978-89-277-2202-1 13720

www.darakwon.co.kr
다락원 홈페이지를 방문하시면 상세한 출판 정보와 함께 동영상 강좌, MP3 자료 등 다양한 어학 정보를 얻으실 수 있습니다.

단어 뜻이 저절로 유추되는 기적의 학습법!

HSK 1~4급 VOCA 礼物

리 우

한국인 리우 · 한난희 저

쓰기노트

다락원

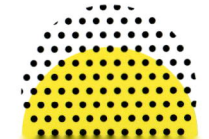

단어 뜻이 저절로 유추되는 기적의 학습법!

HSK 1~4급 VOCA 礼物

쓰기노트

001 矮 ǎi

丿 一 レ 午 矢 矢 矢 矢 矢 矮 矮 矮

형 ① (사람의 키가) 작다
② (높이, 지위 등이) 낮다

002 爱 ài

一 二 亠 爫 爫 严 严 严 严 爱 爱

동 ① 사랑하다
② (~하기를) 좋아하다

003 搬 bān

一 十 扌 扌 扌 扫 扫 捎 捎 掤 搬 搬

동 ① 옮기다, 운반하다
② 이사하다

004 饱 bǎo

丿 𠂊 饣 饣 饣 饣 饣 饱

형 배부르다

005 笔 bǐ

丿 𠂊 𠂊 𥫗 𥫗 𥫗 𥫗 笔 笔

명 필기도구, 펜

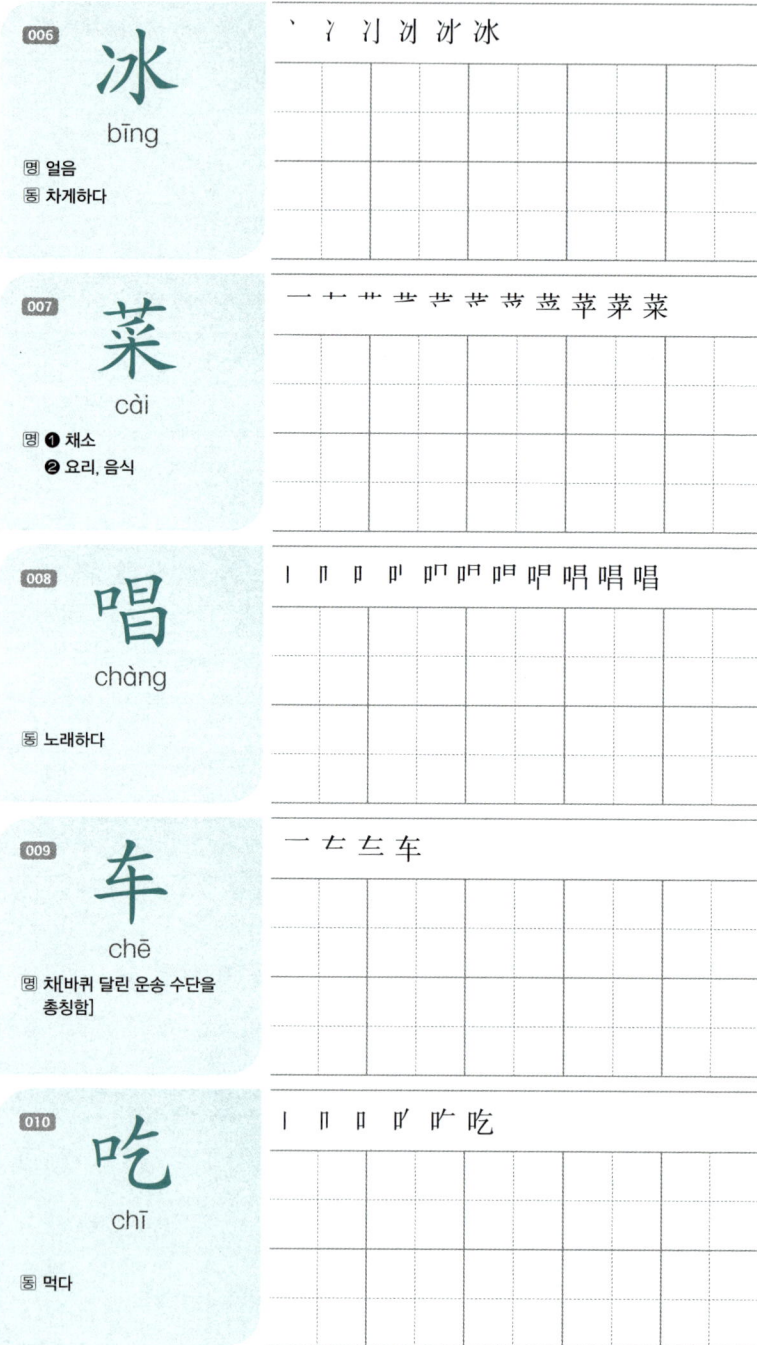

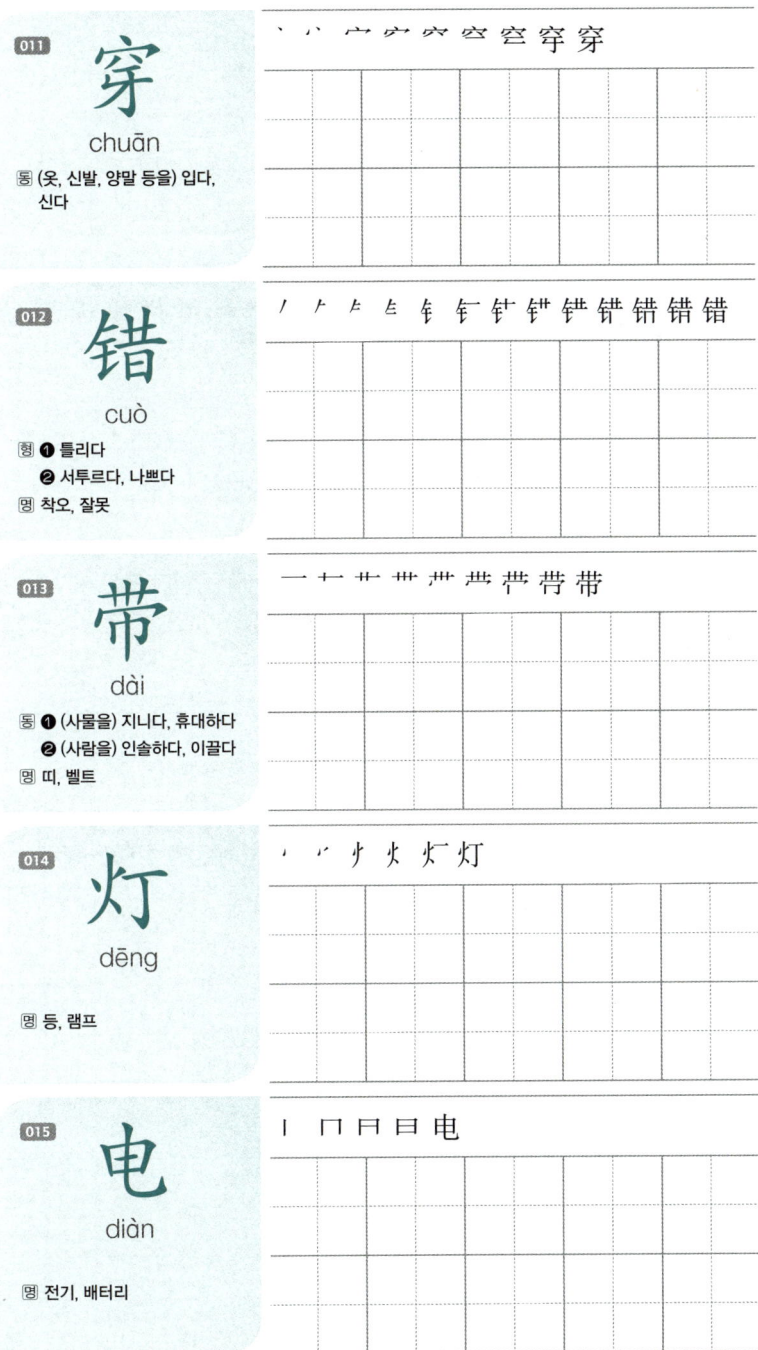

016 店 diàn

명 상점, 가게

丶 亠 广 广 庐 庐 店 店

017 懂 dǒng

동 알다, 이해하다

丶丶丨忄忄忄忄忄忄懂懂懂懂懂

018 读 dú

동 ❶ 읽다, 낭독하다
❷ 학교에 가다, 공부하다

丶 讠 讠 讠 诗 诗 诗 诗 读 读

019 短 duǎn

형 (시간이나 공간적 거리가) 짧다

丿 广 广 矢 矢 矢 知 知 知 短 短

020 多 duō

형 (수량이) 많다

丿 ク タ 夕 多 多

021 饿 è
형 배고프다

丿 丶 ㇏ 乍 乍 饣 伫 伫 饿 饿

022 饭 fàn
명 밥, 식사

丿 丶 ㇏ 乍 乍 饣 饭 饭

023 房 fáng
명 ❶ 방
　 ❷ 집, 건물

丶 一 ㇆ 户 户 户 房 房

024 馆 guǎn
명 ~관[호텔, 식당 등 장소에 쓰임]

丿 丶 ㇏ 乍 乍 饣 饣 饣 馆 馆 馆

025 贵 guì
형 ❶ (값이) 비싸다, 귀하다
　 ❷ [상대방과 관련 있는 사물을 높여 부르는 말]

丨 丨 ㇁ 虫 虫 串 贵 贵 贵

026 国 guó

丨 冂 冂 月 闬 闰 国 国

명 국가, 나라

027 果 guǒ

丨 冂 冃 日 旦 甲 果 果

명 ❶ 과일, 열매
❷ (일의) 결말, 결과

028 好 hǎo / hào

㇃ 女 女 女' 女㇇ 好

hǎo 형 좋다
hào 동 (~하기를) 좋아하다

029 号 hào

丨 冂 口 므 号

명 ❶ (날짜의) 일
❷ 번호
❸ 호(수), 사이즈

030 喝 hē

丨 冂 口 口' 口" 吗 吗 吗 喝 喝 喝 喝

동 마시다

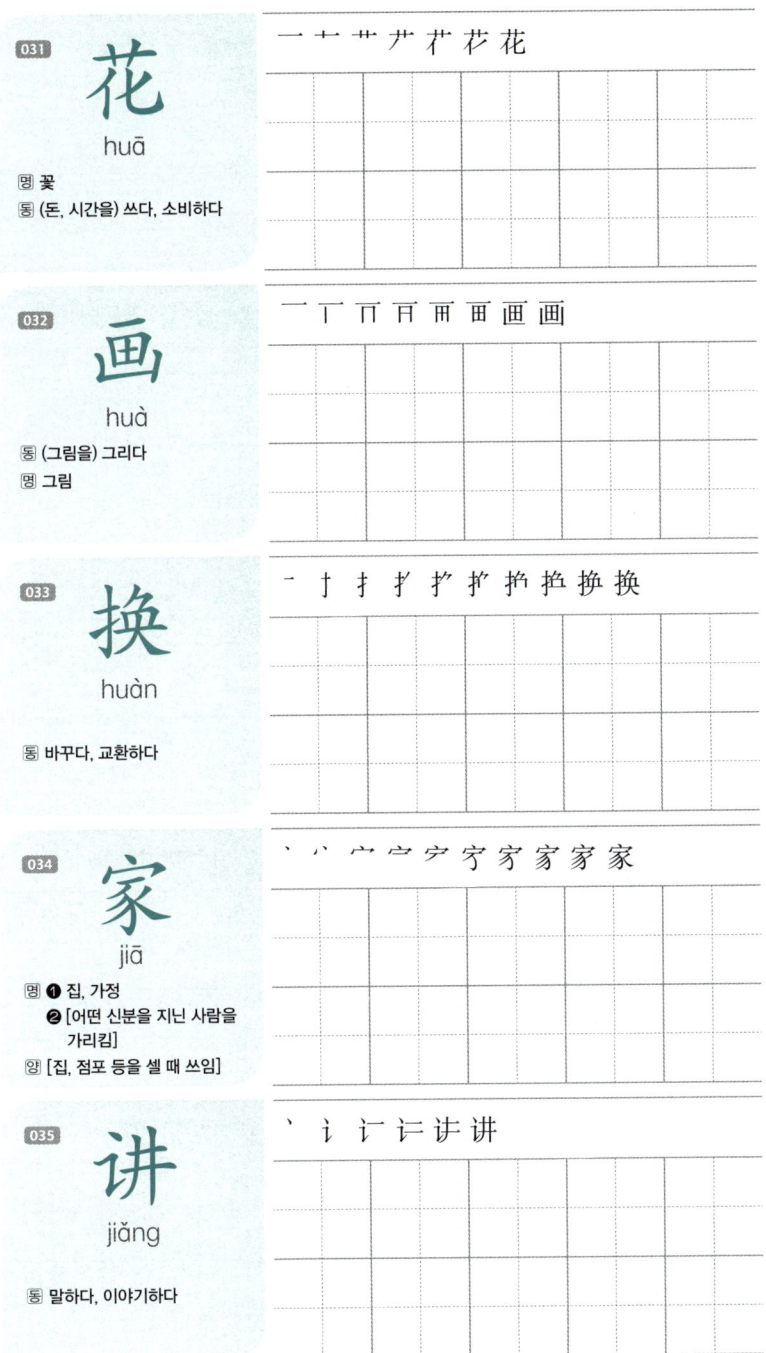

031 花 huā
명 꽃
동 (돈, 시간을) 쓰다, 소비하다

032 画 huà
동 (그림을) 그리다
명 그림

033 换 huàn
동 바꾸다, 교환하다

034 家 jiā
명 ❶ 집, 가정
❷ [어떤 신분을 지닌 사람을 가리킴]
양 [집, 점포 등을 셀 때 쓰임]

035 讲 jiǎng
동 말하다, 이야기하다

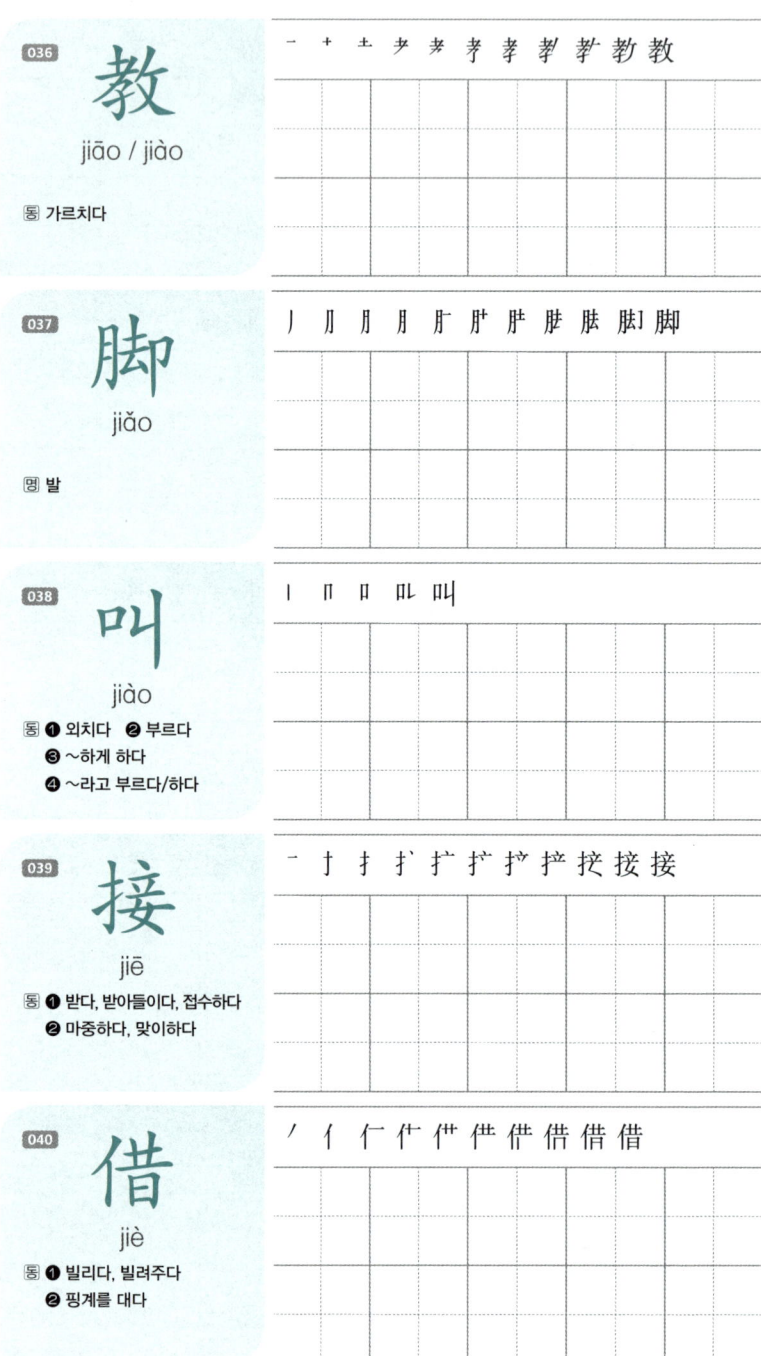

041
近
jìn

一 厂 斤 斤 沂 近 近

형 (공간적, 시간적으로) 가깝다

042
久
jiǔ

丿 ク 久

형 오래다, 시간이 길다

043
酒
jiǔ

丶 丶 氵 氵 汀 沂 洒 酒 酒 酒

명 술

044
看
kàn

一 二 三 手 手 看 看 看 看

동 ❶ (눈으로) 보다
❷ ~라고 보다/여기다

045
口
kǒu

丨 冂 口

명 ❶ 입 ❷ 출입구
양 사람, 마리[사람이나 가축을 셀 때 쓰임]

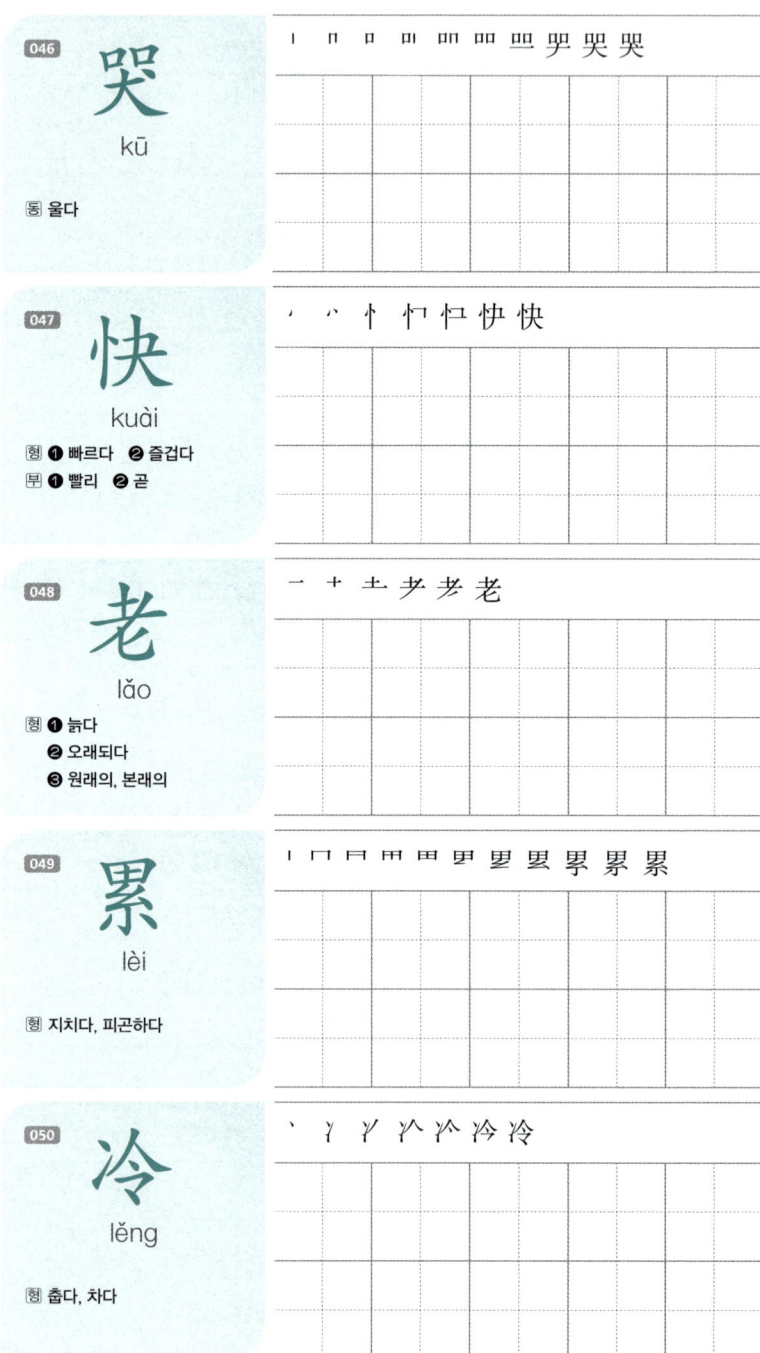

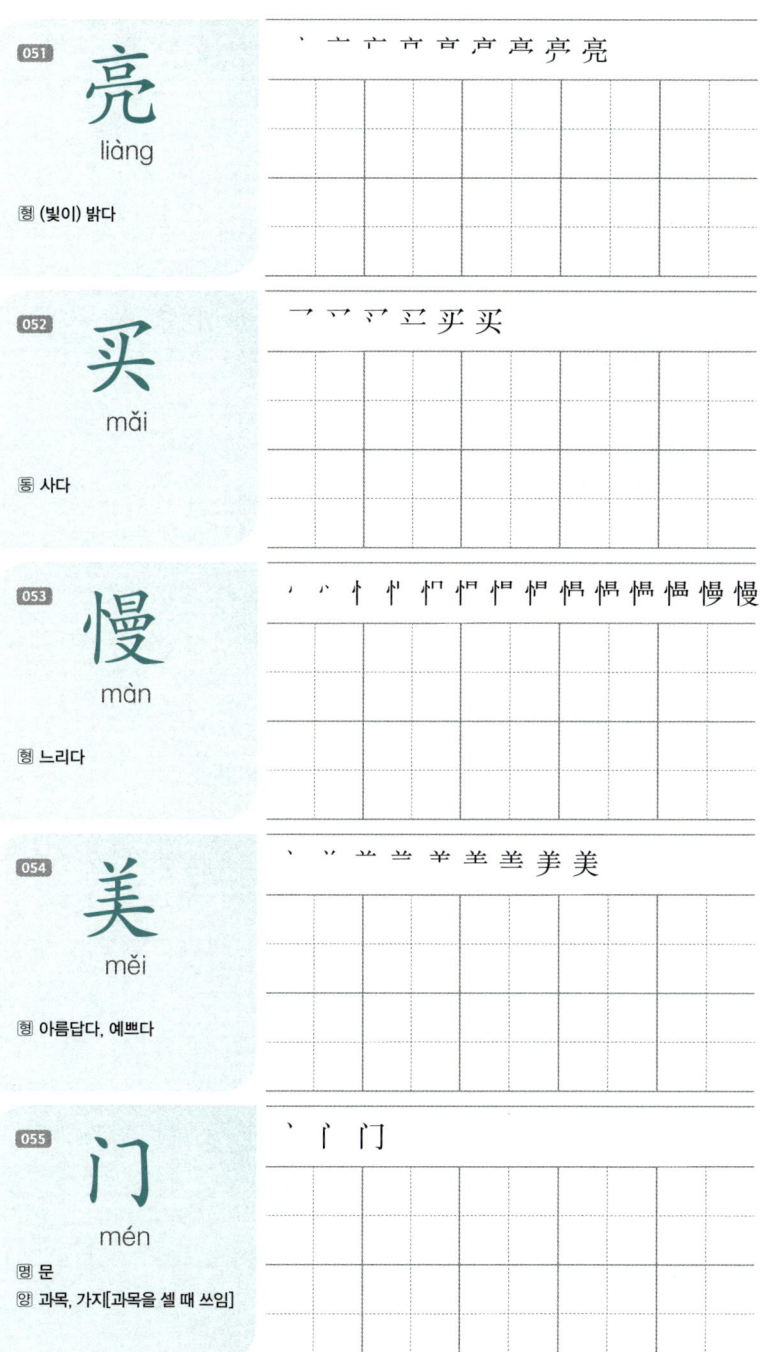

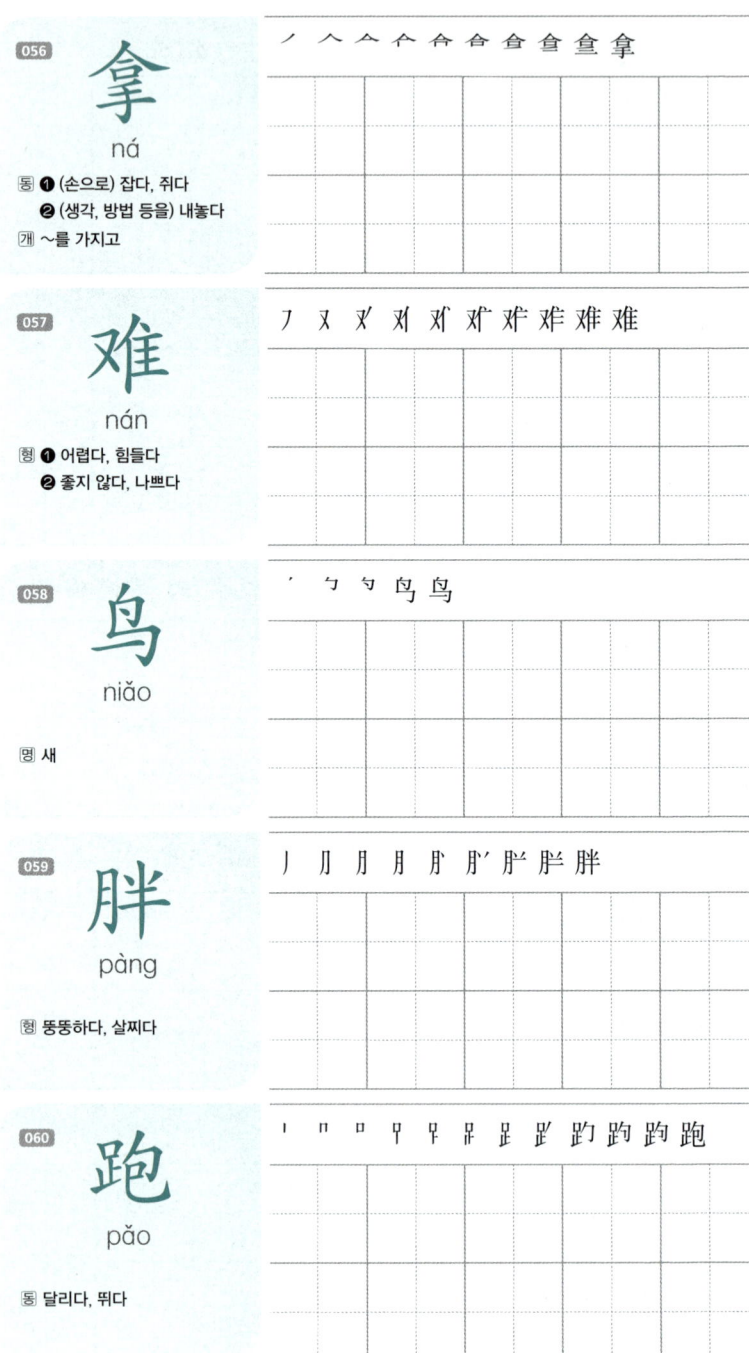

061 票 piào

一 ㄧ 一 币 而 西 西 覀 票 票 票

명 표, 티켓

062 骑 qí

㇗ 马 马 马 马 驴 骄 骄 骑 骑 骑

동 (자전거, 말 등을) 타다

063 钱 qián

丿 ㇉ 钅 钅 钅 钅 钱 钱

명 돈, 화폐

064 晴 qǐng

丨 冂 日 日 旷 旷 晴 晴 晴 晴

형 (하늘이) 맑다

065 请 qǐng

丶 讠 讠 讠 订 洁 诘 请 请 请

동 ❶ 청하다, 부탁하다
　　❷ 초청하다, 초빙하다

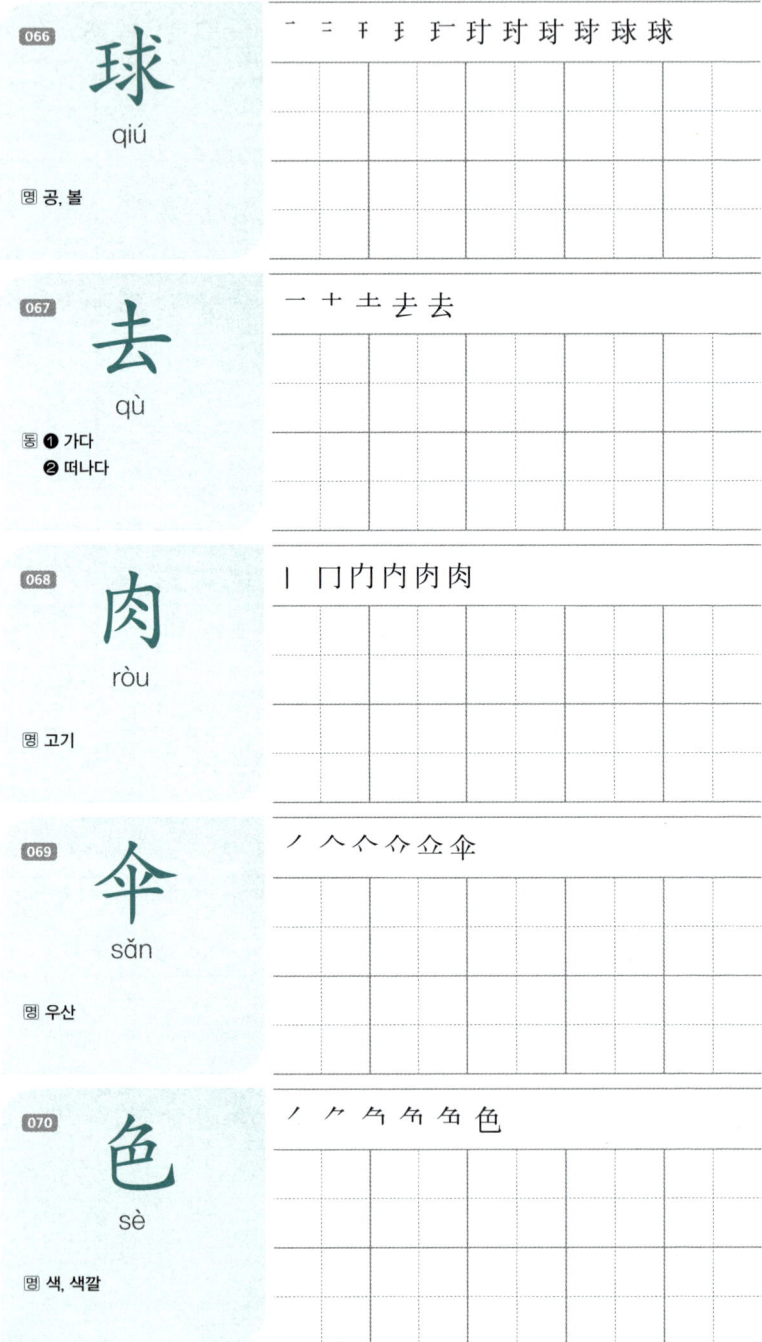

071 书 shū

ㄱ ㅋ 书 书

명 책

072 睡 shuì

丨 丨丨 丨丨 目 目 旷 旷 旷 睡 睡 睡

동 (잠을) 자다

073 说 shuō

丶 讠 讠 讠 讠 讠 讠 说 说

동 말하다

074 送 sòng

丶 丷 䒑 䒑 关 关 关 送 送

동 ❶ (선물을) 주다
❷ 배웅하다

075 跳 tiào

丨 丨 口 卩 卩 卩 足 趴 趴 趴 跳 跳 跳

동 뛰다, 도약하다

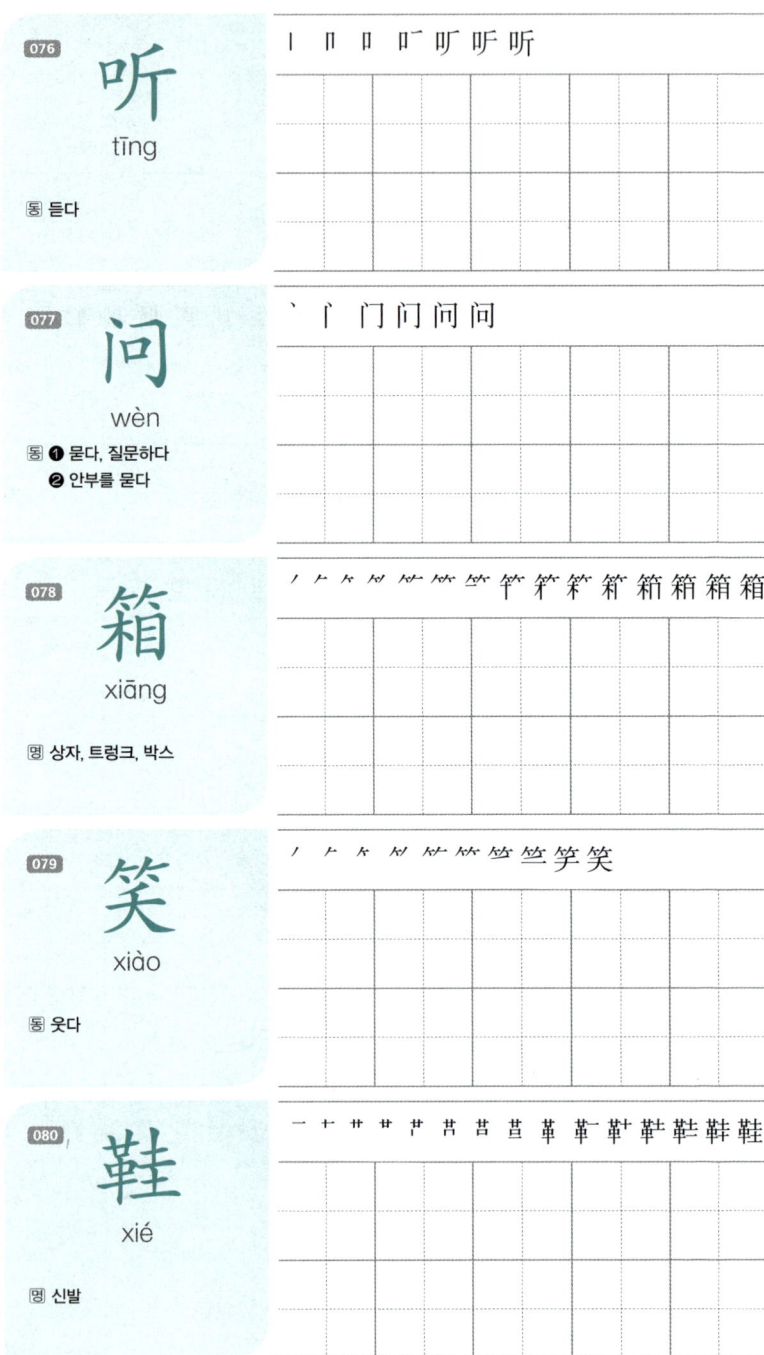

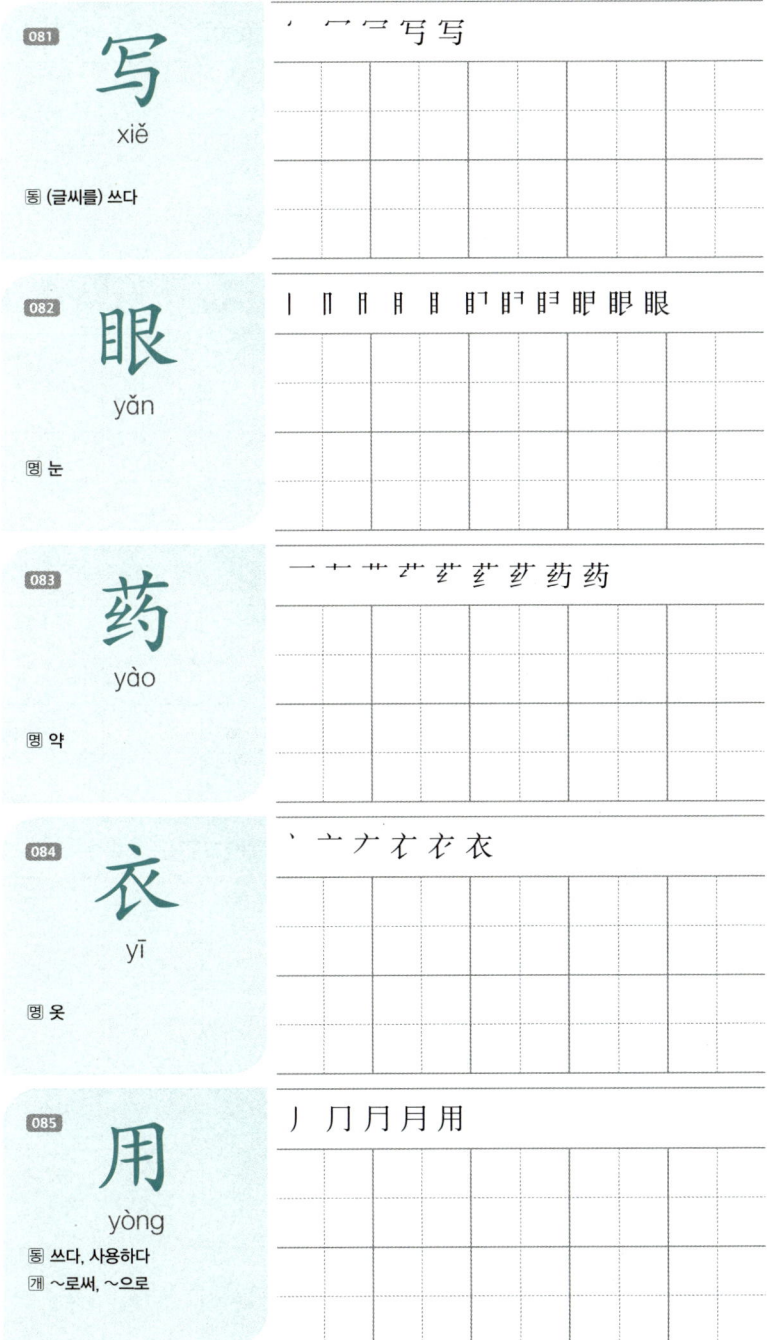

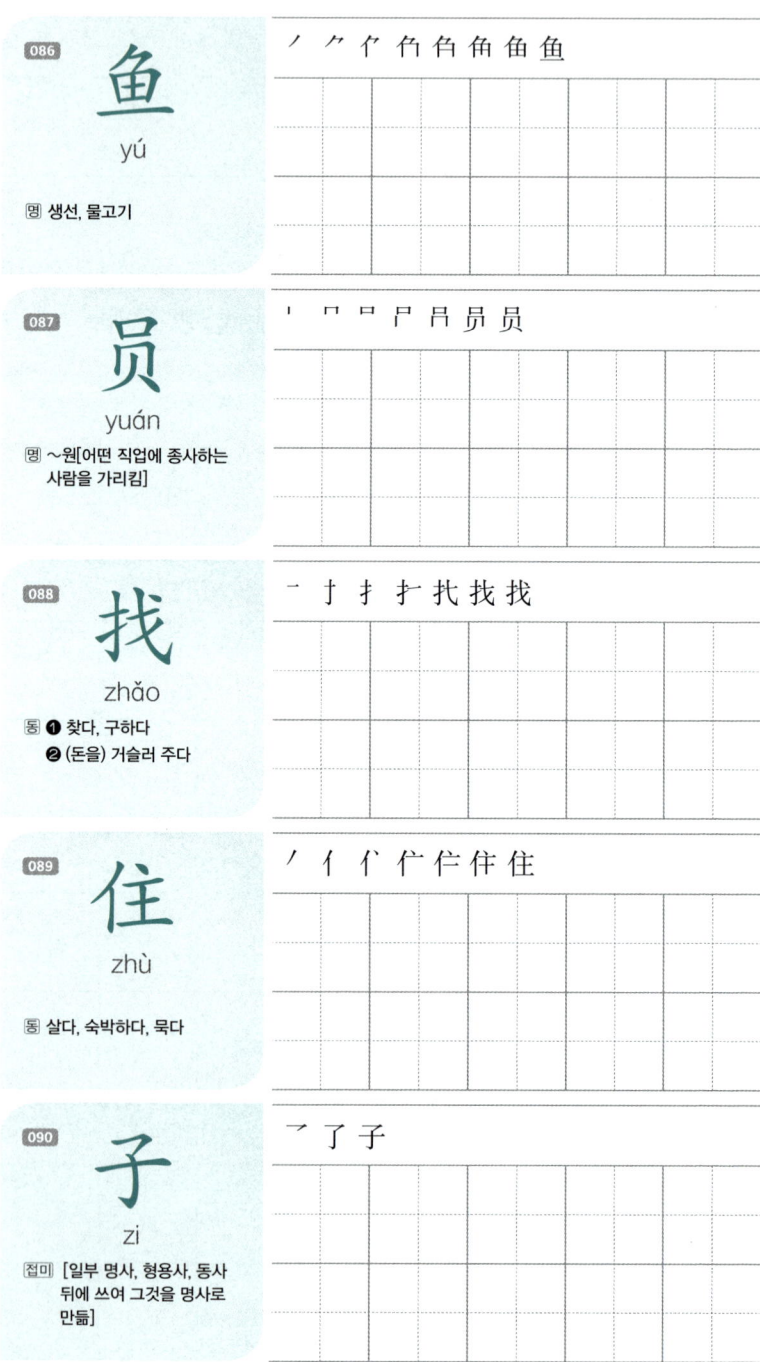

091 坐 zuò

丿 人 丛 坐 坐 坐

동 ❶ 앉다
❷ (자동차, 배 등을) 타다

092 办 bàn

丁 力 办 办

동 (어떤 일을) 하다, 처리하다

093 帮 bāng

一 二 三 丰 圭彡 邦 邦 帮 帮

동 돕다, 거들다

094 包 bāo

丿 勹 勺 匀 包

동 (물건을) 싸다, 포장하다
명 가방, 자루, 보따리

095 比 bǐ

一 ヒ 比 比

동 ❶ 비교하다
❷ 견주다, 겨루다
개 ~보다[비교할 때 쓰임]

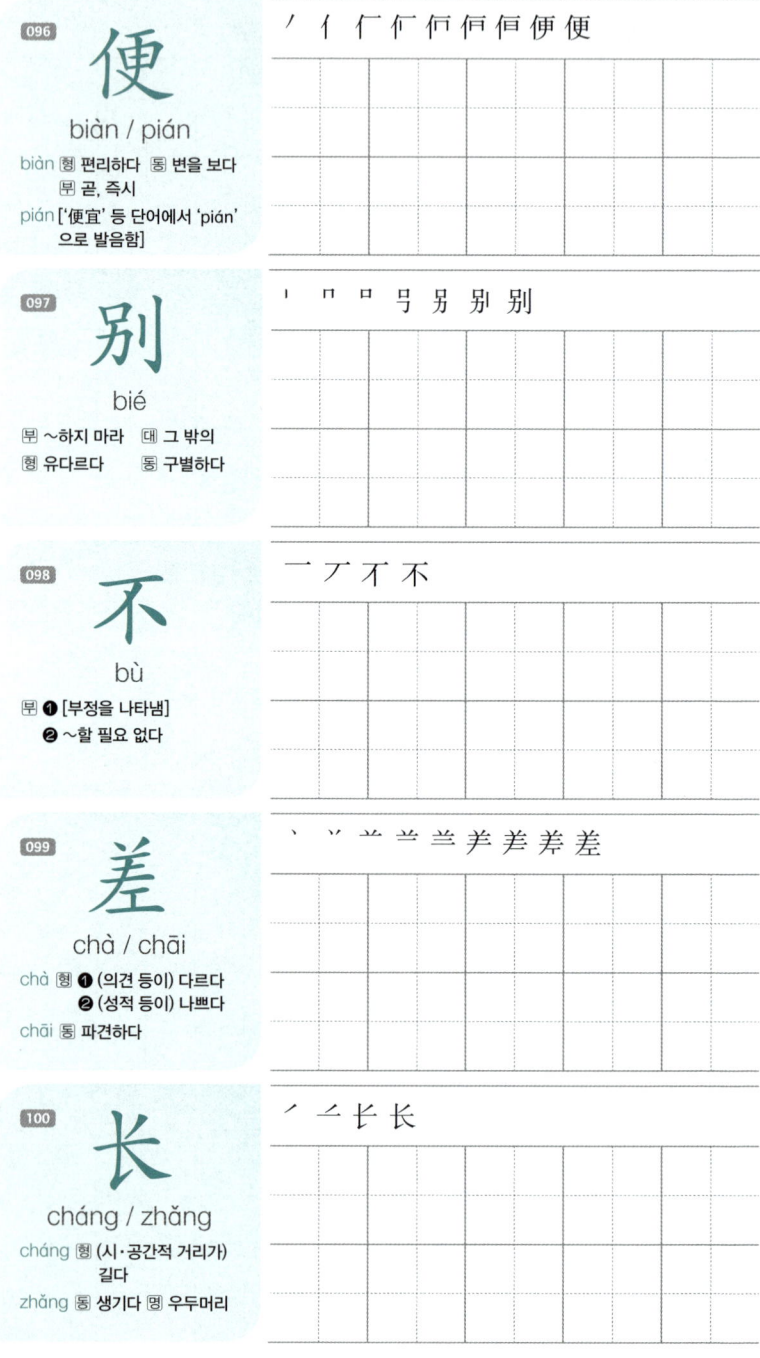

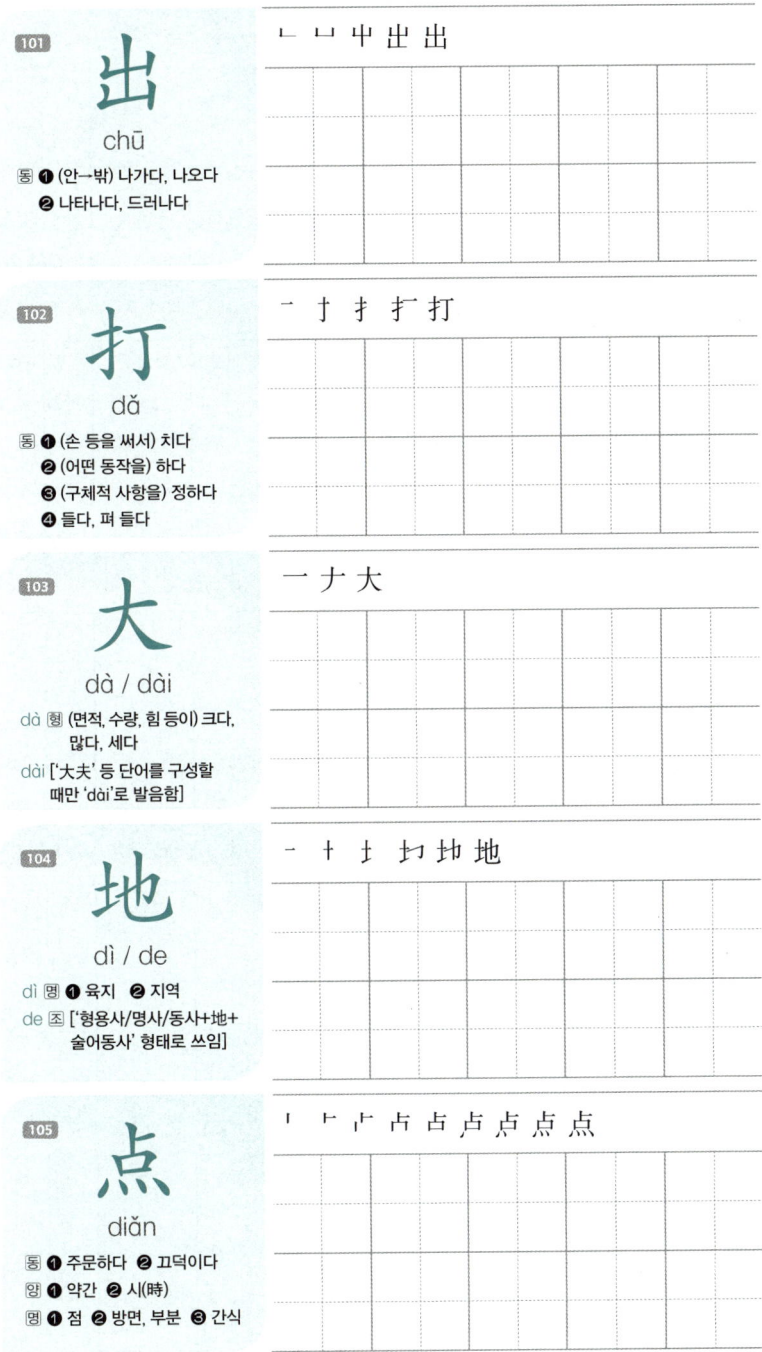

101 出 chū
동 ❶ (안→밖) 나가다, 나오다
❷ 나타나다, 드러나다

102 打 dǎ
동 ❶ (손 등을 써서) 치다
❷ (어떤 동작을) 하다
❸ (구체적 사항을) 정하다
❹ 들다, 펴 들다

103 大 dà / dài
dà 형 (면적, 수량, 힘 등이) 크다, 많다, 세다
dài ['大夫' 등 단어를 구성할 때만 'dài'로 발음함]

104 地 dì / de
dì 명 ❶ 육지 ❷ 지역
de 조 ['형용사/명사/동사+地+술어동사' 형태로 쓰임]

105 点 diǎn
동 ❶ 주문하다 ❷ 끄덕이다
양 ❶ 약간 ❷ 시(時)
명 ❶ 점 ❷ 방면, 부분 ❸ 간식

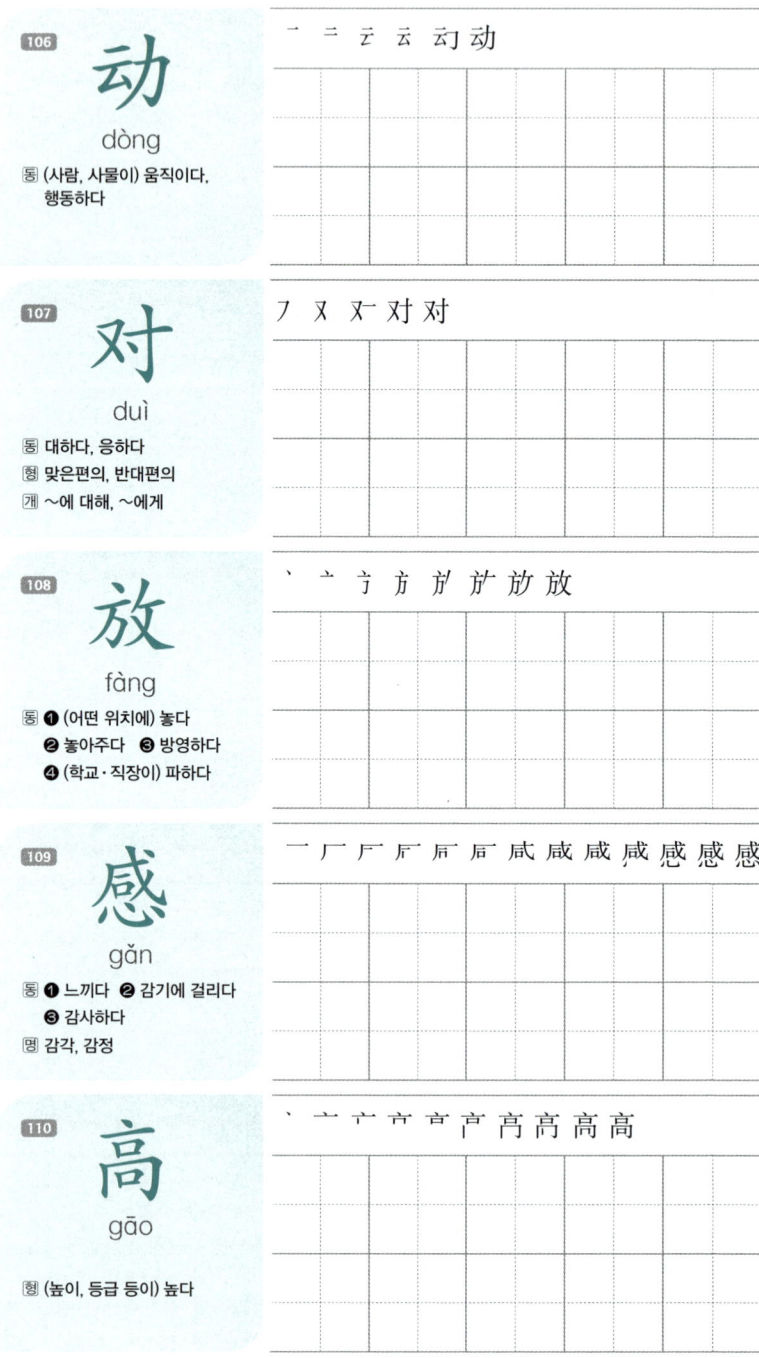

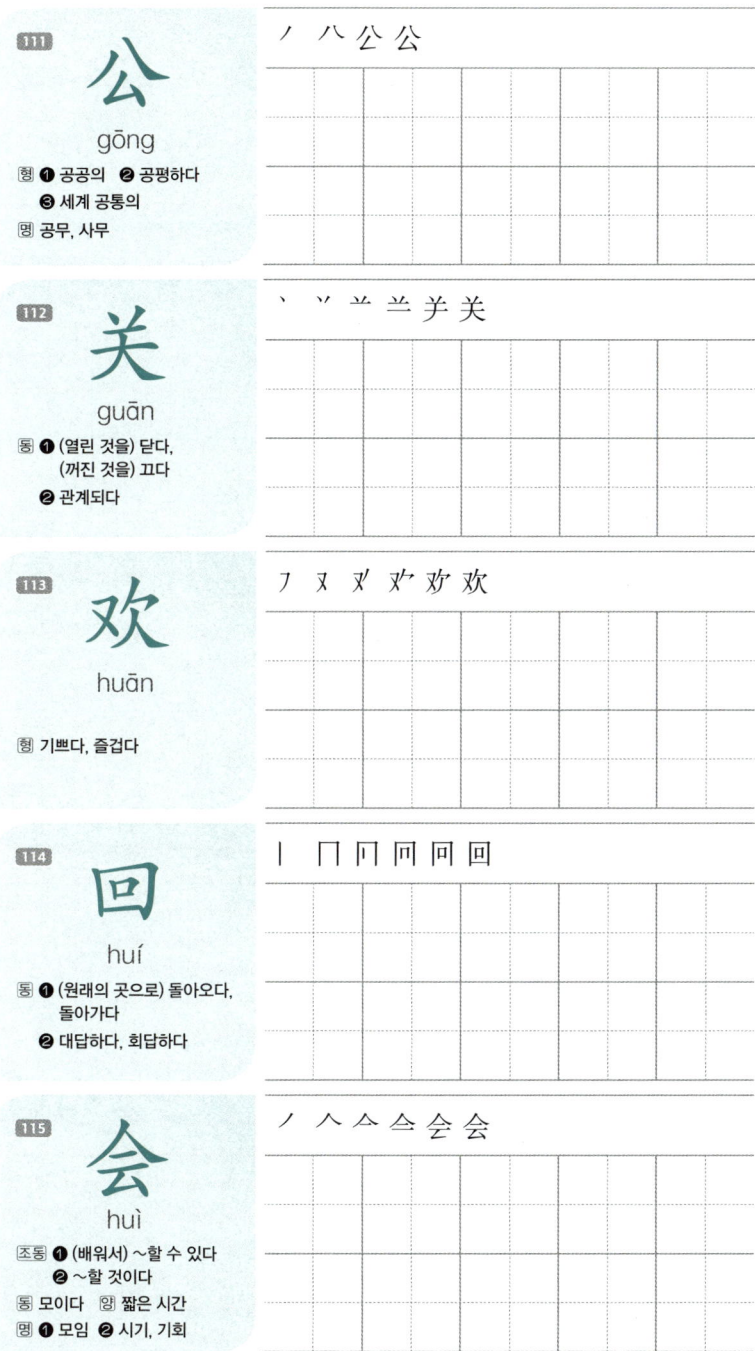

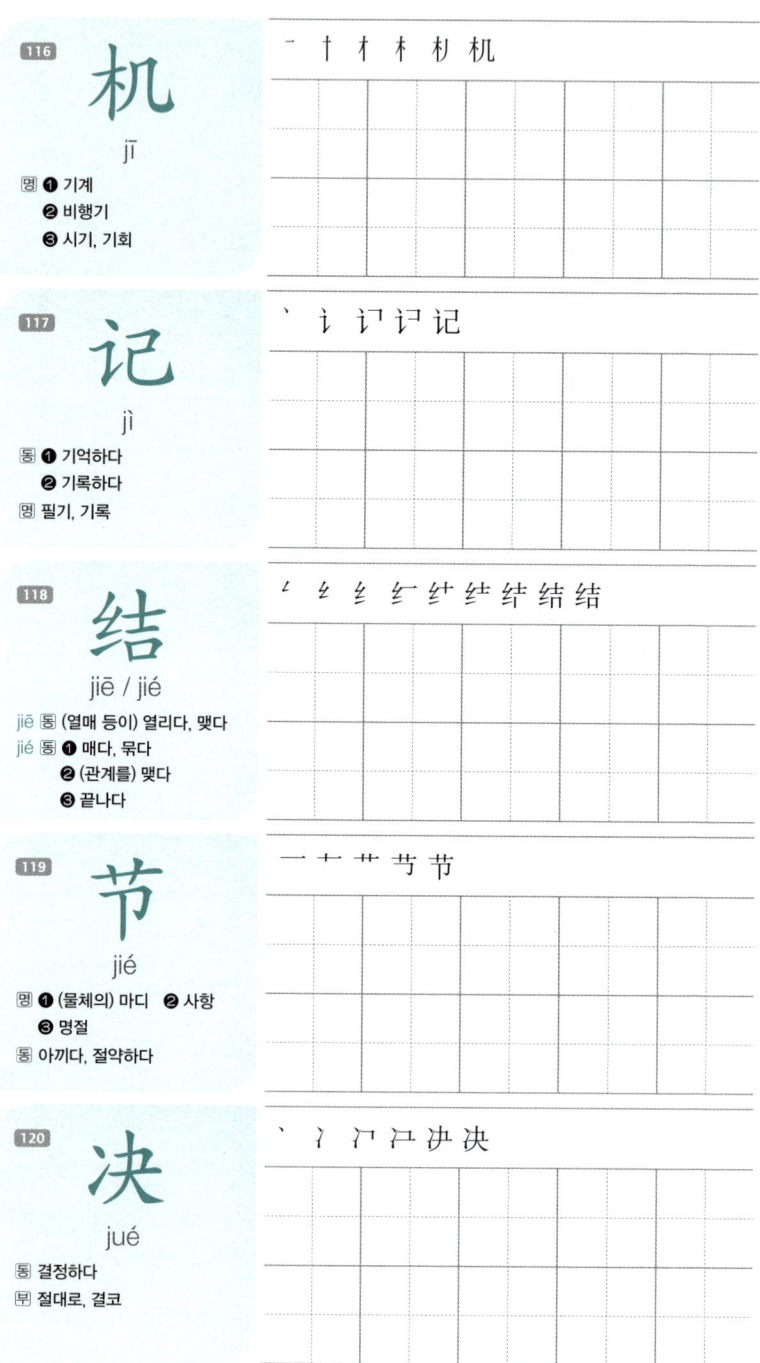

116 机 jī
- 명 ❶ 기계
  ❷ 비행기
  ❸ 시기, 기회

117 记 jì
- 동 ❶ 기억하다
  ❷ 기록하다
- 명 필기, 기록

118 结 jiē / jié
- jiē 동 (열매 등이) 열리다, 맺다
- jié 동 ❶ 매다, 묶다
  ❷ (관계를) 맺다
  ❸ 끝나다

119 节 jié
- 명 ❶ (물체의) 마디 ❷ 사항
  ❸ 명절
- 동 아끼다, 절약하다

120 决 jué
- 동 결정하다
- 부 절대로, 결코

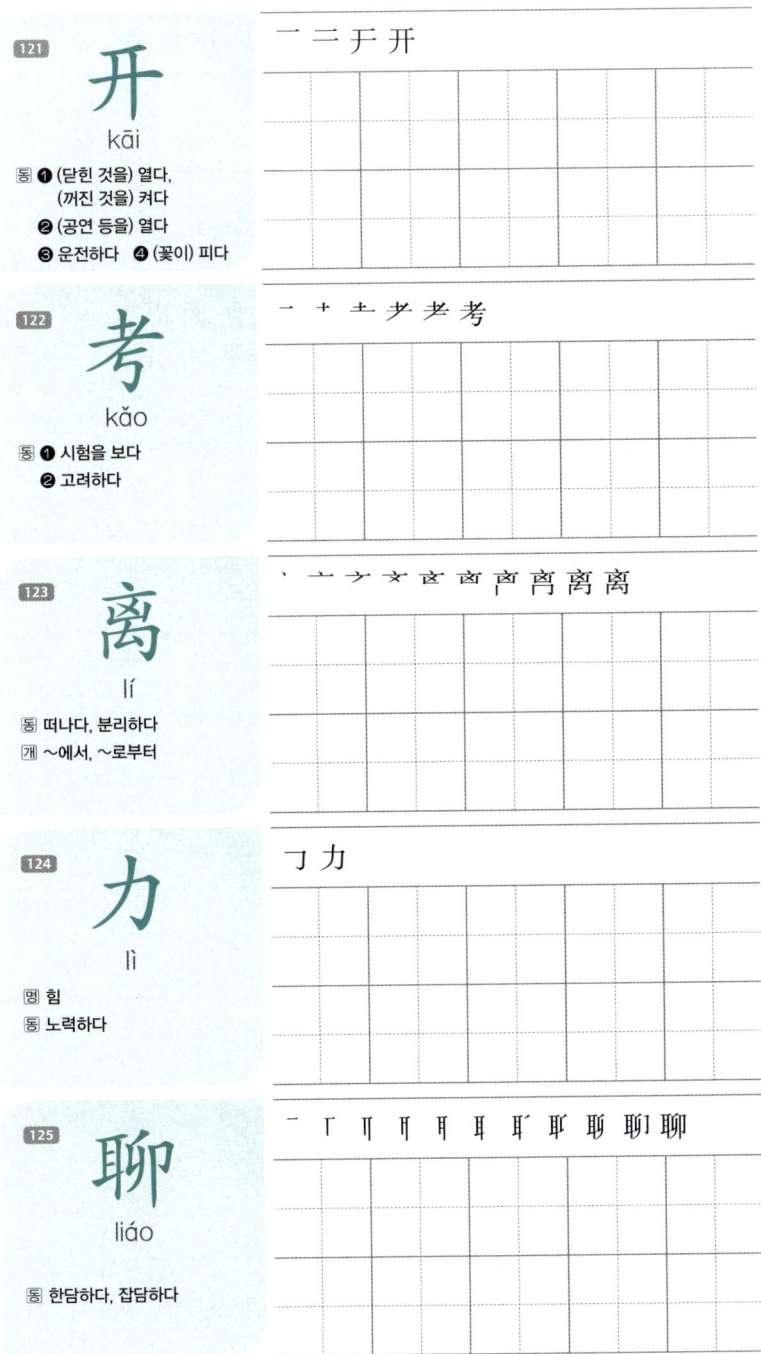

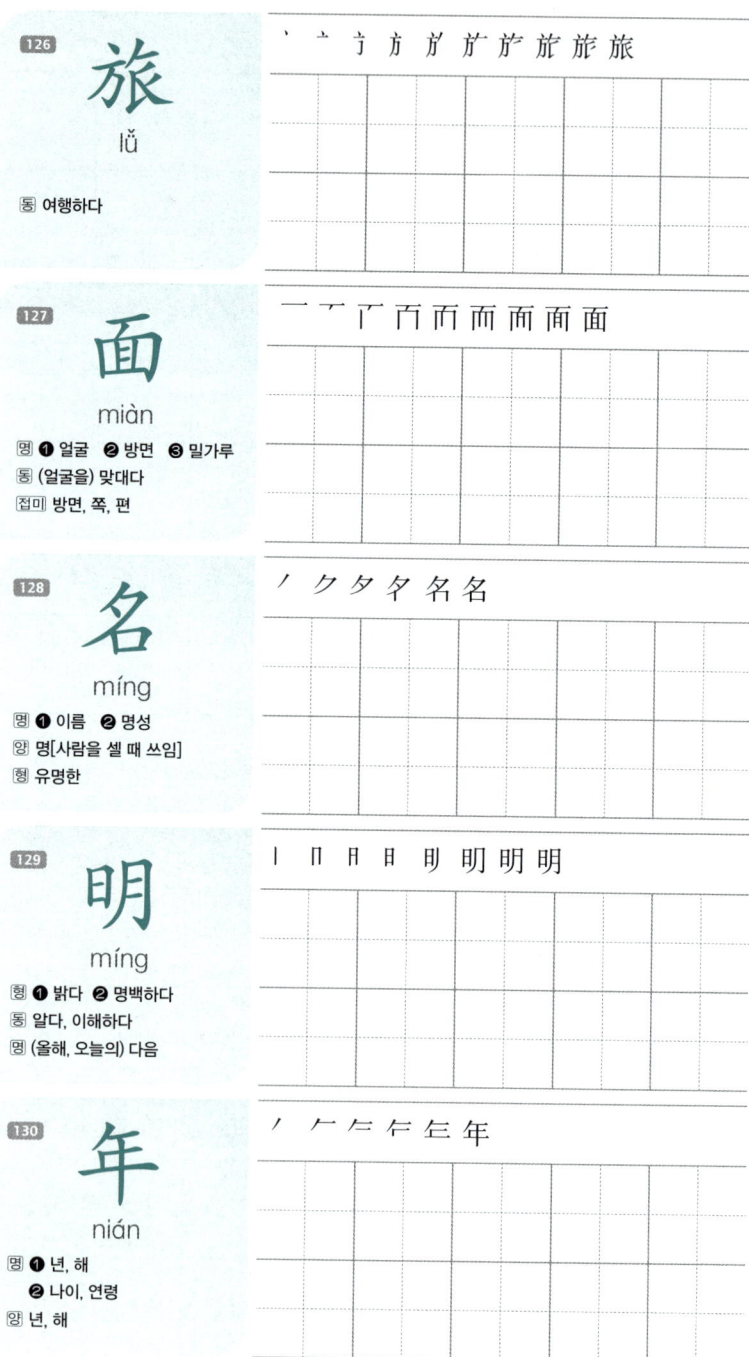

131 起 qǐ
동 ❶ 일어나다 ❷ 올라가다
❸ [동사 뒤에 쓰여 역량이 충분하지를 나타냄]
❹ 기안하다

一 十 土 キ キ 非 走 起 起 起

132 热 rè
형 ❶ 덥다 ❷ 환영을 받다
❸ (관계가) 친밀하다, (분위기가) 뜨겁다
동 (음식물 등을) 데우다 명 열

一 十 扌 扌 执 执 执 热 热 热

133 认 rèn
동 식별하다, 분간하다

丶 讠 讣 认

134 上 shàng / shang
shàng 명 위쪽 동 오르다
shang 명 [명사 뒤에 쓰여 그 범위 안에 있음을 나타냄]

丨 卜 上

135 生 shēng
동 ❶ 태어나다 ❷ 발생하다
❸ 살다 명 학생 형 낯설다
접미 [몇몇 사람을 나타내는 명사 뒤에 쓰임]

丿 一 仁 牛 生

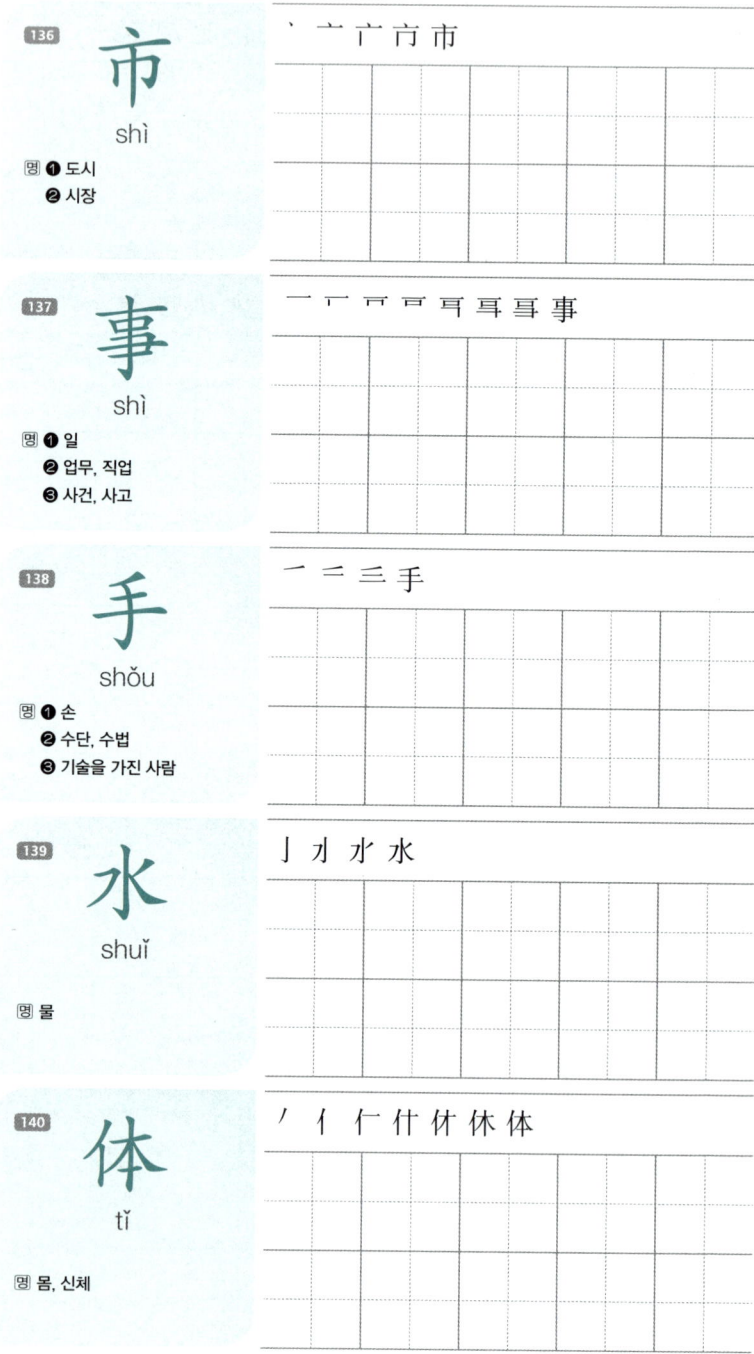

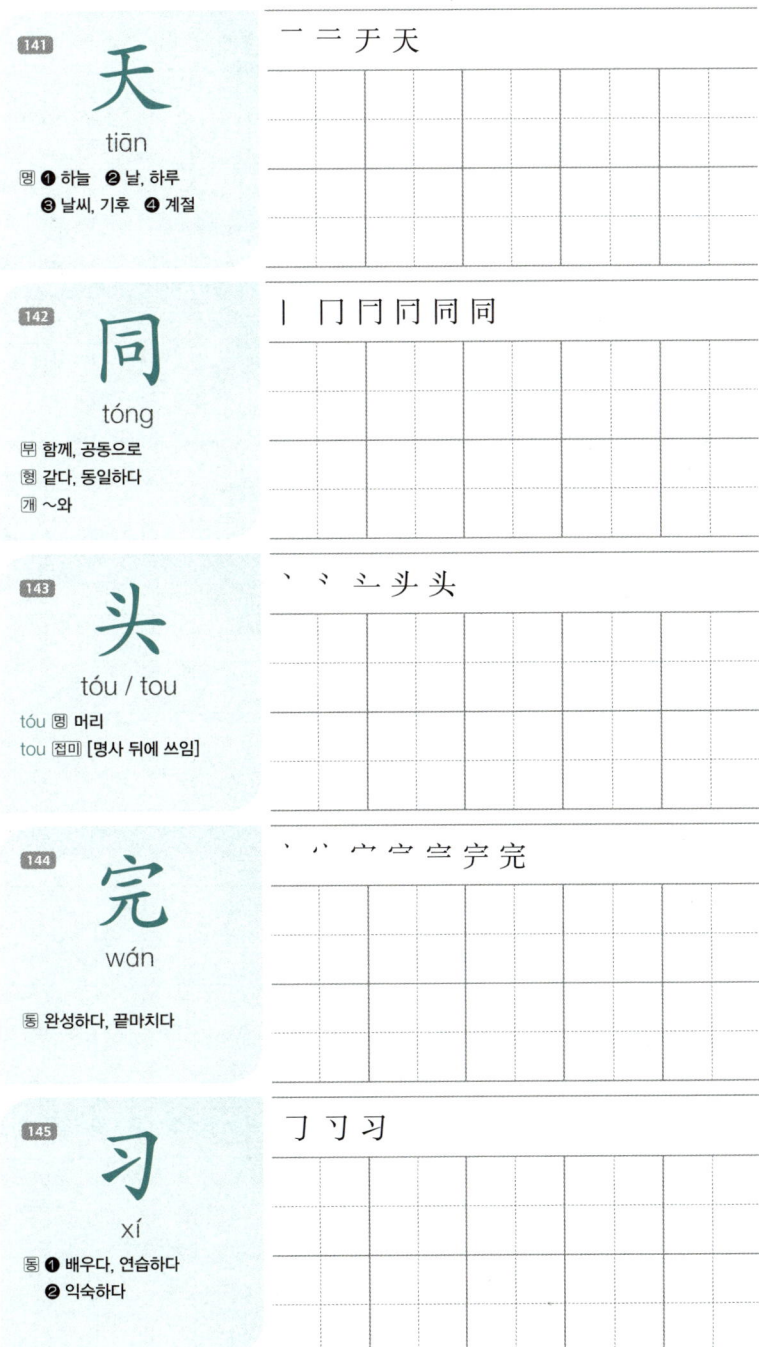

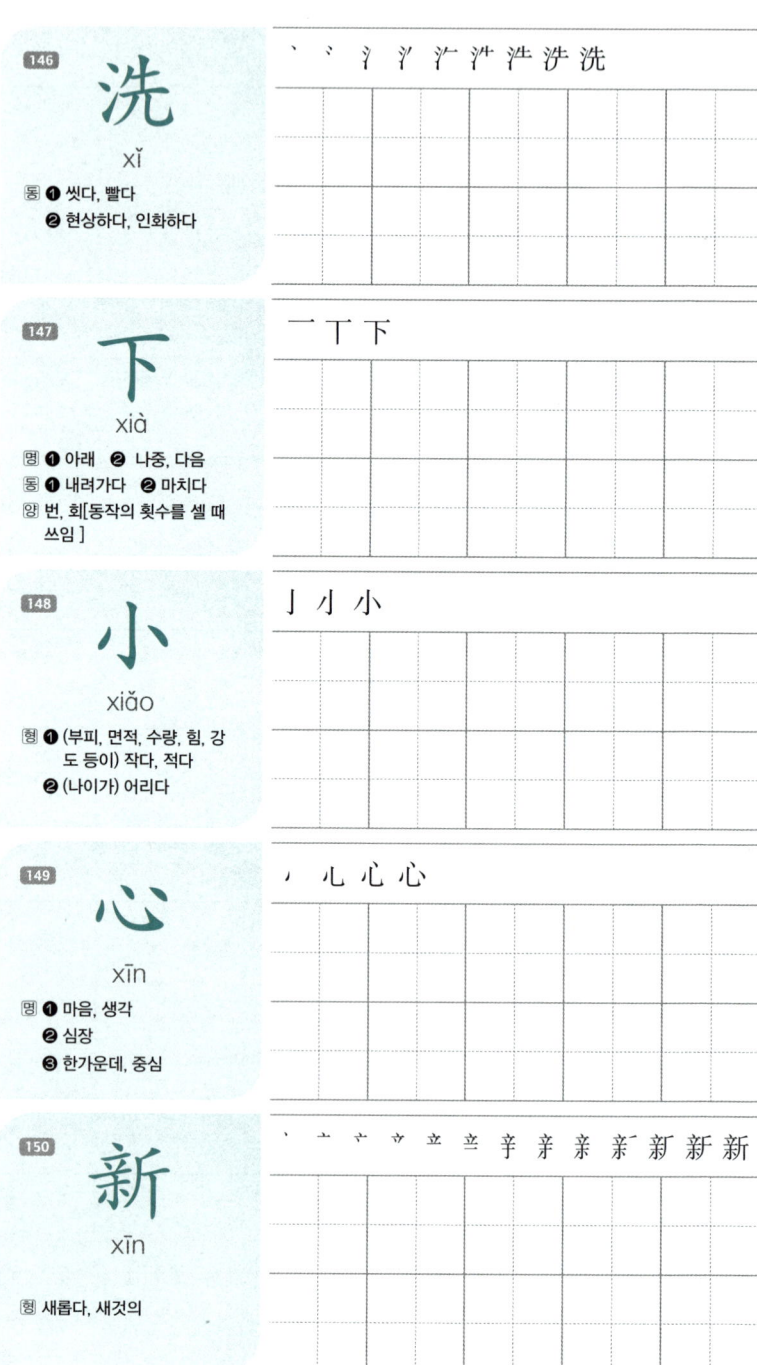

146 洗 xǐ
동 ❶ 씻다, 빨다
❷ 현상하다, 인화하다

147 下 xià
명 ❶ 아래 ❷ 나중, 다음
동 ❶ 내려가다 ❷ 마치다
양 번, 회[동작의 횟수를 셀 때 쓰임]

148 小 xiǎo
형 ❶ (부피, 면적, 수량, 힘, 강도 등이) 작다, 적다
❷ (나이가) 어리다

149 心 xīn
명 ❶ 마음, 생각
❷ 심장
❸ 한가운데, 중심

150 新 xīn
형 새롭다, 새것의

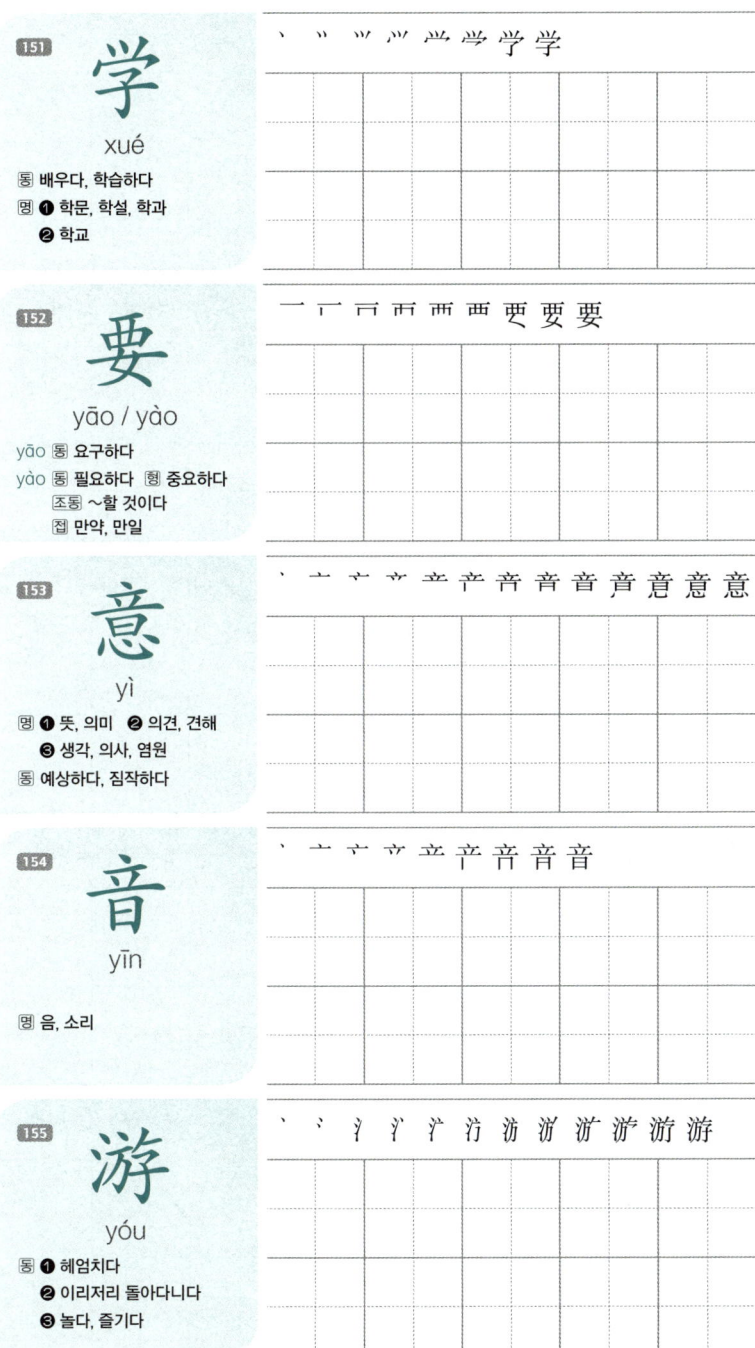

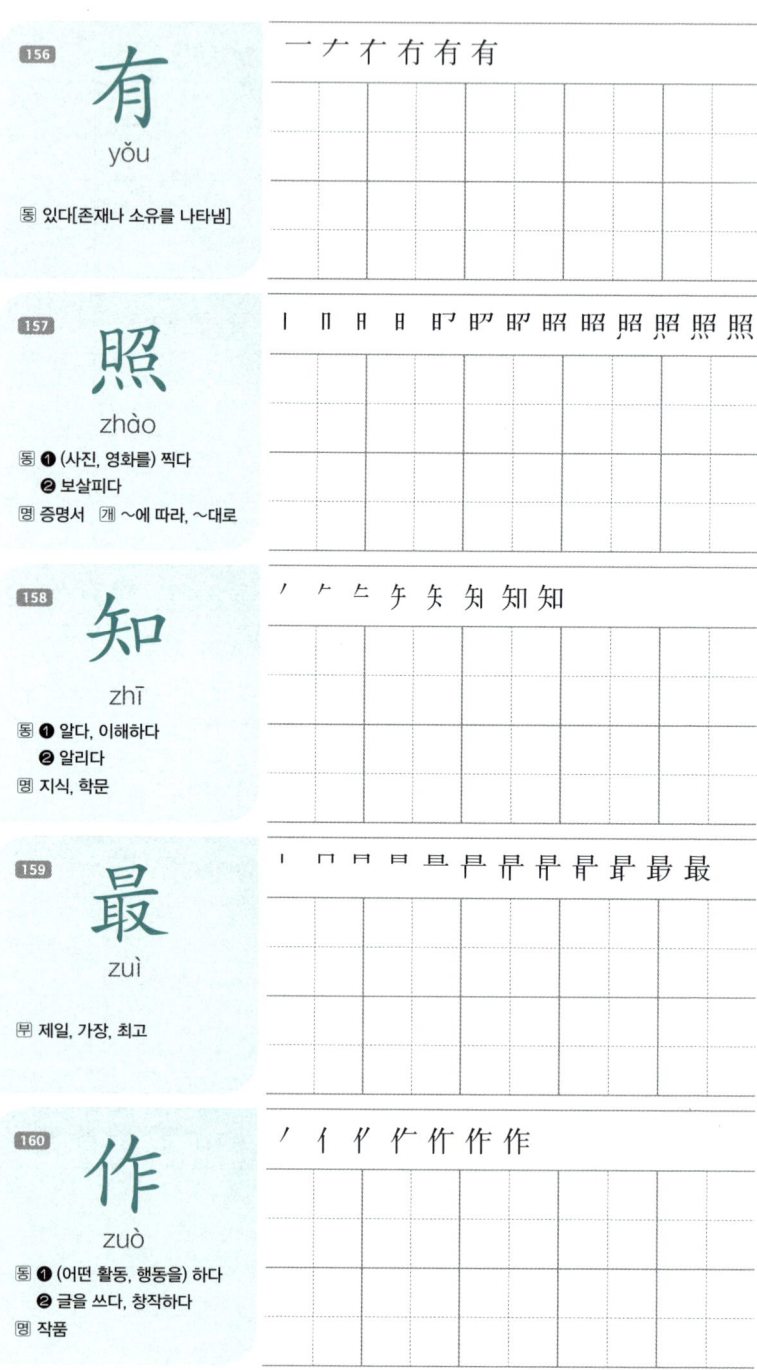

HSK 1~4급 VOCA 礼리物우 쓰기노트

지은이 리우, 한난희
펴낸이 정규도
펴낸곳 (주)다락원

기획·편집 고은지, 이상윤, 최숙영, 박소정
디자인 윤지은, 최영란

다락원 경기도 파주시 문발로 211
전화 (02)736-2031(내선 250~252/내선 430~437)
팩스 (02)732-2037
출판등록 1977년 9월 16일 제406-2008-000007호

Copyright ⓒ 2017, 리우·한난희

저자 및 출판사의 허락 없이 이 책의 일부 또는 전부를 무단 복제·전재·발췌할 수 없습니다. 구입 후 철회는 회사 내규에 부합하는 경우에 가능하므로 구입처에 문의하시기 바랍니다. 분실·파손 등에 따른 소비자 피해에 대해서는 공정거래위원회에서 고시한 소비자 분쟁 해결 기준에 따라 보상 가능합니다. 잘못된 책은 바꿔 드립니다.

www.darakwon.co.kr

다락원 홈페이지를 방문하시면 상세한 출판 정보와 함께 동영상 강좌, MP3 자료 등 다양한 어학 정보를 얻으실 수 있습니다.

단어 뜻이 저절로 유추되는 기적의 학습법!

HSK 1~4급 VOCA 礼物